Inhalt

Poetische Gestaltung

Wirkung

Mediale Gestaltung

Vorwort

Ein merkwürdiges Buch – schon der Titel verheißt nicht gerade eine anschaulich-anregende Lektüre. Da ist ein »Zögling« verwirrt; die Bezeichnung klingt altertümlich. Dann noch der seltsame Name: »Törleß«. Schon der Romananfang erscheint uns aufgeladen mit Bedeutung und lässt uns in eine längst versunkene, melancholisch anmutende Welt eintauchen, eine Welt voller Gedanken und Gefühle, die nur schwer in Worte zu kleiden sind.

Und genau damit ist ein zentraler Konflikt und ein Hauptthema des Romans benannt: Es geht um einen Schüler, der Ende des 19. Jahrhunderts ein »Konvikt« fernab von der Heimat besucht, sich dort nicht wohlfühlt, ja, sich zunächst nach Hause, nach der Mutter sehnt, dann aber in die Verstrickungen von Gewalt und Sexualität gerät. Es sind vor allem auch die Probleme der Pubertät, die den jungen Törleß bedrängen.

Die Handlung des Romans ist schnell erzählt: Ein Diebstahl gibt Anlass zu einer Erpressung; die Clique um Törleß herum zeigt sadistische Neigungen, die schließlich zur seelischen und körperlichen Folter eines Mitschülers führen. Gerade die Unkontrolliertheit der Gewaltausbrüche unter pubertierenden Schülern lässt die Aktualität der Erzählung deutlich werden.

Nun aber das Merkwürdige des Romans: Der Diebstahl, die Erpressung, die Homosexualität sind gar nicht so zentral – zentral sind vielmehr die Gedanken und Gefühle des jungen Törleß. Die Außenwelt, zu der all diese Handlungen gehören, ist für Törleß Anlass zu grundsätzlichen Überlegungen über seine Existenz, seine Wahrnehmung oder seine Sprache. Er entdeckt, wie zufällig und brüchig seine Existenz ist. Törleß ist dem Experiment zugeneigt – er probiert alles aus, um zuletzt zu einem nüchternen Resultat zu kommen.

Robert Musils Roman reiht sich als hervorragendstes Beispiel in die Schülerromane der Jahrhundertwende ein. Er war der einzige wirkliche viel gelesene Roman des damals 26-jährigen Multitalentes, dessen Ruhm später durch den »Mann ohne Eigenschaften«, den unvollendeten Jahrhundertroman, begründet wurde.

Der vorliegende Band bietet einen Zugang zu dem frühen Werk Musils, indem sich gründliche Textarbeit, die Beschäftigung mit flankierenden Texten zu Person, Werk und Wirkung Musils und kreative Anlässe ablösen. Viele Fotografien aus dem zeitgeschichtlichen Kontext, von den Originalschauplätzen des Romans und den Vorbildern der Figuren lassen den Text anschaulich werden. Auch die Literaturverfilmung Volker Schlöndorffs wird selbstverständlich zum Thema. Auf diese Weise entsteht ein facettenreiches Arbeitsmaterial, das neben dem Einsatz im Deutschunterricht der Oberstufe auch zum Selbststudium geeignet ist.

Jürgen C. Thöming

Musil-Chronik 1983

Sommer 1881

Robert Musil, 1887

Robert Musil als Absolvent der Militär-Oberrealschule, 1897

1874 Heirat Alfred Musils und Hermine Bergauers in Klagenfurt. Alfreds Vater stammte aus Mähren, war Militärarzt und später Landwirt, Hermines Vater aus Böhmen und war Ingenieur. Alfred Musil hatte Maschinenbau in Graz studiert, arbeitete als Ingenieur bzw. Fachschulleiter in Brünn, Klagenfurt, Komotau, Steyr. Seit 1890 war er ordentlicher Professor für Maschinenkunde an der Technischen Hochschule Brünn/Brno. 1917 wird er geadelt; der Titel »Edler von« war vererbbar.

1880 Am 6. November Geburt des Sohns Robert Matthias Alfred Musil in Klagenfurt. Robert bleibt Einzelkind.

1882 Die Familie zieht nach Steyr. Das Leben des Ehepaars gestaltet sich so, dass Alfred Musil es seiner Frau zugesteht, mit Heinrich Reiter, den sie liebt, zusammen zu sein. 1900 zieht Reiter seinerseits nach Brünn und bleibt mit Hermine bis zu ihrem Lebensende zusammen. Robert besucht die Volksschule und das Realgymnasium. Nerven- und Gehirnkrankheit mit Rückfällen.

1891 Die Familie zieht nach Brünn/Brno. Robert Musil besucht die Oberrealschule, anschließend die Internats-Militär-Unterrealschule in Eisenstadt.

1894 Für 3 Jahre hält sich Robert Musil im Internat der Militär-Oberrealschule in Weißkirchen/Hranice auf, die er durch den »Törleß«-Roman weltbekannt machen wird. Mit 17 gibt Musil nach einem kurzen Besuch der Technischen Militärakademie Wien die militärische Laufbahn auf. Die Neigung zum Sport, zu Naturwissenschaften und Technik prägt ihn weiterhin.

1898 Musil studiert bis 1901 Maschinenbau in Brünn, verliebt sich in die Schauspielerin Paula Ullmann (Valerie), liest Nietzsche, Novalis, Dostojewski, Emerson, Maeterlinck, Aristoteles. In Brünn nimmt er mit eigenen Versuchen am literarischen Leben teil. Die nicht zur Veröffentlichung bestimmten Tagebücher reichen bis in diese Zeit zurück und sind seit 1955 bzw. 1976 nachlesbar.

1901 Beginn der Liebe zu Herma Dietz, die ihn noch bis Berlin begleiten wird, wo sie 1907 [...] stirbt. Musils Militärjahr in Brünn; Erkrankung an Lues.

1902 Arbeit als Volontärassistent an der Technischen Hochschule Stuttgart bis Okt. 1903. Lektüre Kants, Machs, Schillers, später Husserls.

1903 Studium der Philosophie und Psychologie in Berlin bis 1908.

1906 Der »Wiener Verlag« veröffentlicht den Kurzroman »Die Verwirrungen des Zöglings Törleß«, den Musil zuvor mit Alfred Kerr stilistisch stark überarbeitet hatte. Bis zum Bankrott des Verlags im Laufe des Jahres 1907 wurden mindestens 5000, vielleicht 10000 Exemplare verkauft. Bekanntschaft Musils mit der Malerin Martha Marcovaldi.

Lues Geschlechtskrankheit (Syphilis)

1908 Doktorprüfung in Philosophie, Physik, Mathematik; Dissertation über Ernst Mach. Habilitationsmöglichkeiten in München und Graz verfolgt Musil nicht weiter.

1911 Eheschließung mit Martha (1874–1949) geb. Reimann, verw. Alexander, gesch. Marcovaldi, die einen 12-jährigen Jungen und eine 8-jährige Tochter hat. An den bei Georg Müller, München, veröffentlichten Erzählungen »Die Vollendung der Liebe« und »Die Versuchung der stillen Veronika« hatte Musil in enger Dialoggemeinschaft mit Martha über 2 Jahre lang hart gearbeitet. Beginn des Bibliothekarsdienstes an der Technischen Hochschule Wien. Wichtige essayistische Veröffentlichungen in Deutschland.

1914 Kündigung des Bibliotheksdienstes, Redakteur von Fischers »Neuer Rundschau« in Berlin. Kriegsdienst an der österreichisch-italienischen Alpenfront.

1916 Als Verwundeter nach Prag, Besuch bei Kafka, dessen »Betrachtung« und »Der Heizer« Musil 1914 hellsichtig besprochen hatte. Redakteur einer Soldaten-Zeitung in Bozen.

1918 Bis 1922 wird Musil noch in staatlichen Einrichtungen arbeiten: Kriegspressequartier, Pressedienst des Wiener Außenministeriums, Heeresministerium. Er bekennt sich zum revolutionären Programm des Rats geistiger Arbeiter um Kurt Hiller, Berlin.

1921 Das Stück über den »Neuen Menschen«, an dem Musil seit 1910 arbeitet, »Die Schwärmer«, wird im Dresdner Sibyllen-Verlag veröffentlicht. Seit 1919 arbeitet der Dichter stringent am »Mann ohne Eigenschaften«. Wichtige Essays entstehen in der Folge. Der Hauptwohnsitz wird bis 1938 Rasumofskygasse 20 in Wien.

1923 Arbeit als Theaterkritiker, Essayist, Feuilletonist. Kleist-Preis auf Vorschlag Döblins für »Die Schwärmer«. Bekanntschaft mit dem Kritiker Bernard Guillemin. Uraufführung von »Vinzenz oder die Freundin bedeutender Männer« in Berlin mit Rudolf Forster. Musil wird neben Hofmannsthal zweiter Vorsitzender des Schutzverbands deutscher Schriftsteller in Österreich (bis 1928).

1924 Tod der Eltern in Brünn (Reminiszenzen in der »Amsel« und im »Mann ohne Eigenschaften«). Nach künstlerisch gestalteten Vorabveröffentlichungen bringt Rowohlt als neuer Verleger Musils die Novellen »Drei Frauen« heraus. Kunstpreis der Stadt Wien.

1926 Der große Roman, von dem Rowohlt vorerst nur 50 Seiten vorlagen, für den er aber seit 1925 regelmäßige Vorschüsse zahlte, wurde der literarischen Öffentlichkeit in einem Interview mit Oskar M. Fontana vorgestellt; in diesem Interview in der »Literarischen Welt« wird der Roman noch »Die Zwillingsschwester« genannt, der ab Februar 1927 »Der Mann ohne Eigenschaften« heißen wird.

Vereinigungen
Unter dem Titel »Vereinigungen« veröffentlichte Musil die Erzählungen »Die Vollendung der Liebe« und »Die Versuchung der stillen Veronika«, die das innere Erleben zweier Frauen bei Vorbereitung und Vollzug des Ehebruchs psychologisch dicht beschreiben. Die äußere Handlung verschwindet nahezu ganz zugunsten der sprachlich experimentellen Beschreibung der Gefühle der Frauen in Bildern. Den Erzählungen war bei den Zeitgenossen kein Erfolg beschieden; erst sechzig Jahre später entdeckte man die von Musil zur Vollendung gebrachte Erneuerung des Erzählens.

Hauptmann Robert Musil, ca. 1918

Drei Frauen
Drei Erzählungen, die Frauen als Protagonisten aufweisen. »Tonka«, »Die Portugiesin« und »Grigia«, so die Titel der Erzählungen, definieren die Beziehungen zu ihren männlichen Partnern neu. Die das Prinzip des Rationalen vertretenden Männer verstehen die Innerlichkeit und das ganz Andere der Frauen nicht. Durch ihre Dominanz stürzen sie die Frau ins Unglück (»Tonka«) oder müssen sich schließlich beugen (»Grigia«, »Die Portugiesin«).

Robert Musil, 1931

Der Mann ohne Eigenschaften
Musils Jahrhundertroman, heute von der Kritik als bedeutendstes Romanwerk des 20. Jahrhunderts eingestuft. Der zweite Teil ist Fragment geblieben, Musil starb 1942 über dem Kapitel »Atemzüge eines Sommertages«. Der Inhalt des über 2000seitigen Werks, an dem Musil über 20 Jahre arbeitete, ist in Kürze kaum wiederzugeben. Es geht um den »Mann ohne Eigenschaften« Ulrich, der sich in einem Jahr »Urlaub vom Leben« über seine Existenz und seine Zeit klar werden will. Er wird in politische Umtriebe verstrickt, schließt viele Freundschaften, darunter vor allem die mit seiner Zwillingsschwester Agathe und ergeht sich in philosophischen Reflexionen auf der Suche nach dem »Anderen Zustand«, einer Utopie des vollendeten Menschseins.

1928 Einer der populärsten Texte, »Die Amsel«, erscheint in der »Neuen Rundschau«. Arbeit am großen Roman.

1930 Im Oktober erscheint »Der Mann ohne Eigenschaften«, Band 1, bei Rowohlt in 5000 Exemplaren. Zu den ersten Rezensenten im Dezember gehören Ernst Fischer in der »Arbeiter-Zeitung« Wien und Efraim Frisch in der »Frankfurter Zeitung«; von dem jüdischen Publizisten Frisch sagte Musil später: »Er ist der Einzige, der mich verstanden hat. – Aber auch er hat mich nicht verstanden.«

1932 Seit November 1931 wohnt Musil in Berlin, wo er sich ohnehin häufig aufgehalten hatte. Es wird eine Musil-Gesellschaft gegründet von Kurt Glaser, die 8000 Mark sammelt.

1933 Da Rowohlt die Vorauszahlungen einstellt, gibt die Dichterakademie auf Vorschlag Thomas Manns und Oskar Loerkes eine Werkbeihilfe, auch Heinrich Mann stimmt für eine Unterstützung, Benn dagegen. Band 2 des »Mann ohne Eigenschaften« erscheint. Musil verlässt nach der Machtübergabe Berlin und zieht wieder nach Wien.

1931 Bruno Fürst gründet in Wien einen Musil-Fonds, der den Dichter bis 1938 unterstützt.

1935 Musils Teilnahme am antifaschistischen Schriftstellerkongress in Paris. Als letztes Buch erscheint im Humanitas-Verlag Zürich »Nachlass zu Lebzeiten«.

1936 Schlaganfall. Bemühungen, wegen des 11-jährigen Staatsdienstes eine Mindestpension zu bekommen. Psychiatrische Behandlung – wie schon 1929 – durch den Adler-Schüler Hugo Lukács.

1938 […] Emigration nach Zürich. Verbot des »Mann ohne Eigenschaften« in Deutschland und Österreich.

1939 Die KPF bietet Martha und Robert Musil ein Haus an der Côte d'Azur an; sie lehnen ab, ziehen nach Genf. Schwierigkeiten bei der Verlängerung der Aufenthaltsgenehmigung in der Schweiz. Bemühungen, nach Großbritannien zu entkommen, später – mit Hilfe Brochs, Einsteins, Thomas Manns – um ein Rockefeller-Stipendium und USA-Einreise. Der Pfarrer Robert Lejeune und Barbara und Henry Church organisieren finanzielle Unterstützungen. Kontakt mit dem Bildhauer Fritz Wotruba.

1941 Umzug in die letzte Wohnung Chemin des Clochettes, Genf. Arbeit am »Mann ohne Eigenschaften«. Grabrede für Arthur Holitscher. Geldnot. Dostojewski-Lektüre.

1942 Tod durch Gehirnschlag am 15. April.

1943 Nachlassteil des »Mann ohne Eigenschaften« von Martha Musil im Selbstverlag herausgegeben.

1952 »Der Mann ohne Eigenschaften« von Adolf Frisé bei Rowohlt in Hamburg herausgegeben.

Robert Musil

Über sich und die Familie 1937–1941

Mein Vater war sehr klar, meine Mutter eigentümlich verwirrt. Wie verschlafenes Haar auf einem hübschen Gesicht. [...]

Hermine und Alfred Musil, 1887 in Steyr

[...] Vater, Landesvater, Gottvater es war die Tonleiter des alten Österreich in der Kindheit meines Vaters. Und wie Jugendeindrücke sich im Charakter wiederholen, blieb dieser Zug auch an dem seinen. Er hatte das gläubige Vertrauen in die Obrigkeit; es war ihm natürlich, sie um Erfüllung seiner Wünsche zu bitten, und er war sehr gekränkt, als sein Leben nach der Berufung nach Brünn nicht mehr ebenso gelang ...

Sei brav und fleißig; Talent und gute Zeugnisse besitzt du ja. So ungefähr lehrte Großvater M. ...

Bei Großmama M., weil ihre Söhne sie so liebten, scheint Herzensgüte dazugekommen zu sein. Ihre Rücksicht auf den Großvater, deren ungeachtet das Vermögen vielleicht von ihr stammte. Denn wie konnte er in verhältnismäßig jungen Jahren ein Gut erwerben? Vielleicht war sie nicht süßlich weich, sondern hatte viel Haltung! viel freiwillige Unterordnung. Was nicht ganz ins Bild passt, ist der Akatholizismus, überhaupt die Areligiosität der Familie. Vielleicht herrschte eine Art Theismus, eine Art Gut- und Ordentlichsein; vielleicht auch eine Scheu, viel von Gott zu sprechen. Vielleicht auch eine Art Vertrag zwischen der weicheren Mutter und dem von Darwin beeindruckten Vater.

(Zu diesem ordentlichen Familienerbe kam bei mir das stürmischere Mamas hinzu. Ich weiß nicht, auf wen es zurückgeht.)

Und während die Kinder aufwuchsen, wandelte sich das alte Österreich; Gottvater tat der Autorität des Landesvaters Abbruch. Die Grundsätze, die ich vorfand, waren schon weniger sicher. [...]

Theismus ist die Bezeichnung für die religiöse oder philosophische Überzeugung vom Dasein eines höchsten, überweltlichen, persönlichen Wesens (Gott), das die Welt erschaffen hat, erhält und regiert.

1 Schreiben Sie einen Brief Musils an den Vater, in dem der nun ältere Robert sein Verhältnis zu den Eltern klärend darlegt.

2 Recherchieren Sie im Internet und der Stadtbücherei über die Bedeutung der Familie und über die Erziehung im großbürgerlichen Milieu der k. u. k. Donaumonarchie Österreich-Ungarn im ausgehenden 19. Jahrhundert. Stellen Sie Parallelen zu Musils Erinnerungen fest.

Biografische Einflüsse untersuchen

1 Welche Elemente der in den bisher gelesenen Texten zum Leben Musils stehen in einem Verhältnis zum Törleß-Roman? Listen Sie diese auf und beschreiben Sie in Stichpunkten, inwieweit einzelne biografische Stationen auf den Roman einwirken könnten.

2 Was halten Sie generell von einer Methode, die das Biografische mit dem literarischen Werk direkt verbindet, also das Werk aus dem Leben des Autors heraus versteht? Führen Sie in Stichworten Pro- und Kontra-Argumente an und diskutieren Sie diese anschließend in Gruppen oder im Plenum.

Eine künstlerische Darstellung betrachten

1 Sie sehen hier eine Büste des Bildhauers Fritz Wotruba, angefertigt zu Lebzeiten Musils in den 1940er Jahren. Beschreiben Sie, wie die Büste auf Sie wirkt.

2 Wie ist der Mensch und Künstler Musil hier dargestellt? Welche Züge sind hervorgehoben?

3 Musil distanzierte sich von der Darstellung Wotrubas, der mit ihm befreundet war. Versuchen Sie, mögliche Gründe dafür anzuführen.

Tagebücher und Briefe

Robert Musil

Vermächtnis II 1932

Robert Musil, ca. 1901

Kurze Zeit, ehe ich die Verwirrungen des Zöglings Törleß zu schreiben begann, etwa ein Jahr vorher, habe ich diesen »Stoff verschenkt«, d.h. alles was in der Geschichte an »Milieu«, an »Realität« und »Realismus« vorkam. Ich war damals bekannt mit zwei begabten »naturalistischen« Dichtern, die heute vergessen sind, weil sie beide sehr jung starben (Friedrich Schamann und Eugen Schick). Ihnen erzählte ich das Ganze, das ich mit angesehen (es war in entscheidenden Dingen anders, als ich es später darstellte), und trug ihnen an, damit zu machen, was sie wollten. Ich selbst war damals ganz unbestimmt; ich wusste nicht, was ich wollte, und wusste bloß, was ich nicht wollte, und das war ungefähr alles, was zu jener Zeit für das galt, was man als Schriftsteller tun sollte. Als ich ein Jahr später selbst nach dem Stoff griff, geschah es buchstäblich aus Langeweile. Ich war 22 Jahre alt, trotz meiner Jugend schon Ingenieur und fühlte mich in meinem Beruf unzufrieden. Jeden Abend um ½ 9 Uhr besuchte mich eine Freundin, aus dem Büro kam ich aber schon um 6 Uhr nach Hause, Stuttgart, wo sich das abspielte, war mir fremd und unfreundlich, ich wollte meinen Beruf aufgeben und Philosophie studieren (was ich bald auch tat), drückte mich vor meiner Arbeit, trieb philosophische Studien in meiner Arbeitszeit und am späten Nachmittag, wenn ich mich nicht mehr aufnahmefähig fühlte, langweilte ich mich. So geschah es, dass ich etwas zu schreiben begann, und der Stoff, der gleichsam fertig dalag, war eben der der Verwirrung des Zöglings Törleß. Durch ihn und seine, wie man sagte, anmoralische Behandlung erregte das Buch Aufsehen, und ich geriet in den Ruf eines »Erzählers«. Nun muss man natürlich erzählen können, wenn man die Erlaubnis beansprucht, es nicht zu wollen, und ich kann es auch leidlich, aber bis zum heutigen Tag kommt das, was ich erzähle, für mich erst in zweiter Linie. Auch damals war die Hauptsache für mich schon eine andere. …

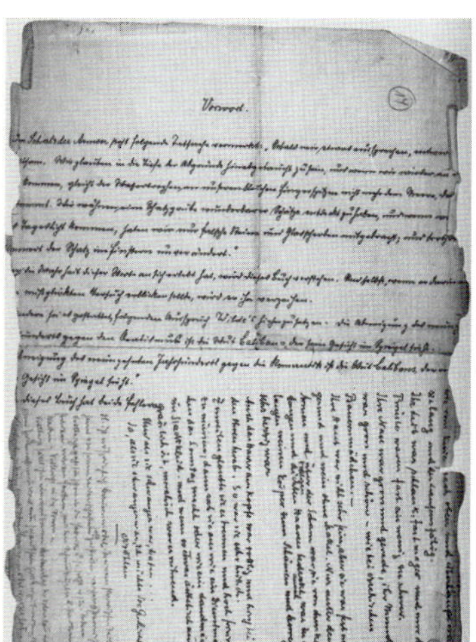

Entwurf des Vorworts zum »Törleß«

Robert Musil

Selbstkritik und -biographie/ Theoretisches zu dem Leben eines Dichters 1935

Mein erster Erfolg ist mit meiner ersten Veröffentlichung »Die Verwirrungen des Zöglings Törleß« zusammengetroffen. [...]

Abgesehen von dem Gewinn der Freundschaft einiger bedeutender Kritiker, die größtenteils auch vorgehalten hat, schien dieser Erfolg aus einer Reihe von Missverständnissen zu bestehen. Man rühmte an mir die »Psychologie« und den »Realismus«, und viele glaubten ein »Erlebnis-«, wenn nicht gar »Bekenntnisbuch« vor sich zu haben; namentlich Pädagogen wollten von mir »Genaueres« erfahren, worin ich sie in meinen Antworten dann nach Kräften enttäuschte.

Die Wahrheit war, dass ich auf den vorgezeigten »Stoff« selbst gar keinen Wert legte. Natürlich hatte ich Ähnliches mit eigenen Augen einmal gesehen, aber es bewegte mich persönlich so wenig, dass ich es zwei Jahre, bevor ich es selbst benutzte, einem anderen jungen Schriftsteller erzählte, dessen krasser Realismus mir für diesen Stoff viel geeigneter erschien, und ihm fest versicherte, dass dies ein Stoff für ihn wäre, aber nicht für mich. (Ich selbst versuchte mich damals in einer Art lyrischer Meditationen.) So viel über das »Erlebnis- und Bekenntnisbuch«. Warum ich dann (1902/1903) doch den Stoff selbst anpackte, weiß ich nicht mehr zu sagen; ich glaube es geschah in einer besonderen Lebenslage aus Langeweile und auch, weil ich mich, nachdem ich für meine Gedankenpoesie keinen Verleger gefunden hatte, etwas fester auf die Erde stellen wollte.

Länger haftete mir der Ruf des Psychologen an. Ich habe mich von Anfang an gegen ihn gewehrt (und konnte es tun, weil ich wirklich Psychologie studiert hatte und damals sogar auf ein Haar an einer Universität für sie habilitiert worden wäre). Denn was an einer Dichtung für Psychologie gilt, ist etwas anderes als Psychologie, sowie eben Dichtung etwas anderes als Wissenschaft ist, und die unterschiedslose Anwendung des Worts hat wie jede wichtige Äquivokation schon viele verwirrende Folgen gehabt. Ich glaube, die Unterscheidung wird sogar heute noch nicht genug beachtet und zb. fast jedesmal außer acht gelassen, wenn sich Forscher auf Dichter berufen, als sollten ihnen diese das Material oder eine fertige Vorstufe liefern.

Die Unterscheidung selbst ist einfach: Dichtung vermittelt nicht Wissen und Erkenntnis.
Aber: Dichtung benutzt Wissen und Erkenntnis. Und zwar von der inneren Welt natürlich genau so wie von der äußeren.

habilitieren die Lehrberechtigung an Hochschulen erlangen

Äquivokation Mehrdeutigkeit

1 Wie stellt Musil die Entstehung seines Romanerstlings im Tagebuch dar?

2 Welche Gründe könnte der distanziert-überhebliche, fast schon »schnodderige« Ton haben, in dem er über die Entstehung des Romans spricht?

Robert Musil

Aus einem Brief an die Freundin Stefanie Tyrka in Graz

Brünn. 22.III.05

Verehrte gnädige Frau.

Ja denken Sie nur: an meinem alten kleinen Schreibtisch sitze ich wieder, zur Linken das Fenster und die grauen Schieferdächer jenseits der Gärten. Immer die Dächer, die gleichen, immer mein müder Blick usw. Die alten Töne der sehnsüchtigen Leier des Heranreifenden werden wach. Doch nicht davon heute. Ich muss an die Zukunft denken: Sie etwas fragen: Nämlich mein Roman ... Sie gähnen? Ja, also, er ist fertig. Schon seit Wochen. Natürlich ist er schlecht. Er hat alle meine Untugenden und keinen meiner Vorzüge (an die ich halb und halb noch glaube). Er behandelt ein psychologisches Sujet: und genügt nicht einmal der einfachsten Psychologie. Sechzehnjährige Knaben reden darinnen wie Bücher. Und da mir doch davor bange wurde, wie schlechtgeschriebene Bücher.

Er sieht anfänglich aus, als wollte er einen etwas perversen Knaben seccieren, der von der aufdrängenden Pubertät zerrissen wurde. Wie gesagt anfänglich!

Schickt man sich aber in Gottes Namen in das Sujet und gedenkt es zu tolerieren, wenn nur die Zeichnung geistreich ist: ja da zerfließt es auf einmal, zerflattert, verflaut.

Das gute, tolerante, literarische Publikum wird enttäuscht sein. Man wird sagen, es gebricht hier an der Fähigkeit, ein zwar gewagtes aber immerhin einiges versprechendes Thema auch durchzuführen.

Überdies wird man Dinge finden, »die doch gar nicht in einen Roman gehören.« Einen Exkurs über irrationale Zahlen und dgl.

Mit einem Wort : Dieser Roman, der sich nur an ein geistreiches Publikum wenden kann, wird gerade in den Augen dieses geistreichen Publikums verfehlt erscheinen.

Andere Leute hatten die Dummen gegen sich. Das ist ein Vergnügen. Geistreichen zu missfallen ist misslich, ja gefährlich. Denn geistreich sein ist schwer und ist man es einmal in irgend einer Weise, so ist man doppelt konservativ gegenüber neuartigen Zumutungen.

Was soll man nun tun, wenn man das gar nicht angestrebt hat, was man verfehlt zu haben scheint?

Die Zeichnung der Charaktere ist stilisiert, alles auf die kürzeste Linie zusammengefasst, keine vollen Menschen dargestellt, sondern jeweils nur deren Schwerlinie.

Das würde noch gut zum »psychologischen Roman« stimmen. Gleich aber geht es um einen Schritt weiter. Es findet sich keine reale Psychologie, wenigstens ist sie ganz ohne Interesse, willkürlich, dilettantisch behandelt. Es finden sich höchstens psychologische Elemente und diese werden nach Gutdünken kombiniert. Die psychologischen Schwerlinien gehören mehr oder minder konstruierten Figuren an. Mir kam nie der Gedanke, ist dieser Mensch so auch möglich? Im Gegenteil: ich frug, ist dieser Mensch konsequent? Und ist er es, so ist es mir desto lieber, je unmöglicher er ist.

Reine Kombinatorik, sich verwirren durch unwirkliche Gestalten, deren innerer Konsequenz man sich aber doch nicht entziehen kann: Das schwebte mir zu Zeiten als eine, fantastische (natürlich nur als eine neben anderen) Form des Romans vor, als ein Genuss für Menschen mit intellektuellen Neigungen (und andere zählen ja doch nicht) usw.

Daneben nun das doch wieder Realpsychologische (und doch auch wieder ungewohnt Psychologische) des Romans.

Eine Tatsache: Die Welt der Gefühle und die des Verstandes sind inkommensurabel. Kronbeispiel: die Musik (Wie verkennend, Musik durch Worte und Gedanken verdeutlichen zu wollen!) Im Übrigen: alle Kunst. Erst wo wir vor einem Bilde fühlen, dass wir das nicht ausdrücken und nicht denken können, was wir empfinden, fängt sie an. Mit anderen Worten: Ich weiß, dass ich jetzt als der einzige Mensch in diesem Saale das Bild erfasse und ich weiß nicht wie und womit. Ich kann meinen Eindruck nur mit ganz uneigentlichen Worten mitteilen. Und doch ist die Sicherheit des Erfassens ganz unbeschreiblich stark. Wieder mit anderen Worten, es ist, als ob ein Mensch in mir wäre, mit dem dieses Bild spricht, den es augenblicklich in seine Kreise zieht usw. und dass mein eigentlicher Mensch, als den ich mich besitze, (und zu besitzen glauben wir uns eben nur, soweit wir uns verständlich fassen können) gerade nur den Schatten davon erfasste.

Das Ich wird förmlich zerspalten, es gewinnt einen doppelten Boden und durch die trüben Gläser des ersten und bisher alleinigen sieht man geheimnisvolle Bewegungen ohne sie sich deuten zu können.

Ich finde darin Tragik. Ich machte sie zum eigentlichen Vorwurf meines Buches und nannte es »Die Verwirrungen des Zöglings Törless«.

Einen Roman nicht ganz gewöhnlicher Art – Mit Fehlern behaftet, aber einer neuen Weise zu schreiben zustrebend – teilweise Fehler mit Absicht nicht vermeidend, als gegenüber dem Ziele belanglose [kein Punkt im Original]

Robert Musil um 1906

inkommensurabel nicht messbar, nicht vergleichbar

1 Im zweiten Teil des Briefes findet man eine von Musil selbst verfasste Deutung des Romans, die allerdings nicht leicht zu verstehen ist. Versuchen Sie daher zunächst, diese Deutung mit eigenen Worten nachzuzeichnen.

2 Immer wieder grenzt sich Musil vom »Psychologischen« ab, obwohl gerade der »Törleß« als psychologischer Roman von der Kritik gelobt wurde. Was also meint Musil hier? Warum ist der »Törleß« nicht eigentlich psychologisch? Worauf kommt es dann an?

Ein schriftstellerisches Programm formulieren

In den drei vorstehenden Texten (S. 14–17) finden sich frühe Klärungsversuche Musils über seine Art und seine Ziele beim Schreiben. Diese ersten Ansätze finden auch in seinen späteren Arbeiten Berücksichtigung.

1 Worauf kommt es Musil beim Schreiben an, welche Aspekte sind für ihn vernachlässigenswert? Versuchen Sie, aus diesen Texten eine Art schriftstellerisches Programm entlang von Schwerpunkten zu formulieren.

Psychologie

Realismus

Erzählen

Dichtung und Wissenschaft

Charaktere

Reale Vorbilder

Musil in Eisenstadt und Mährisch-Weißkirchen

Musil besuchte die Militär-Unterrealschule Eisenstadt von 1892–1894, die Militär-Oberrealschule Mährisch-Weißkirchen (Hranice) von 1894–1897. Hier wurden Zöglinge des Großbürgertums und des Adels Österreich-Ungarns auf das Militärwesen vorbereitet. Beide Kadettenanstalten dienten als Vorbild für das im »Törleß« geschilderte Institut.

MW-Hranice (Das A-loch des Teufels.) Kavalleriekadetten u. Militäroberrealschüler. Die wahre Geschichte des Törleß. Der alte UO-geist der Militärerziehung.
Tagebücher I H. 33, S. 953

Exerzierende Zöglinge

Speisesaal

Sanitäranlage

Schlafsaal

1 Diese Fotos zeigen eine Kadettenanstalt, wie sie der junge Robert Musil bis 1897 besuchte. Lassen Sie die Bilder auf sich wirken und versetzen Sie sich in das Leben der Zöglinge fernab von der Familie und der Heimat. Schreiben Sie einen der Briefe des jungen Törleß an seine Eltern: »Er schrieb Briefe nach Hause, beinahe täglich, und er lebte nur in diesen Briefen […]«
Schildern Sie in dem Brief auch ein alltägliches Ritual (Mahlzeit, Zubettgehen …) in der Kadettenanstalt und die Wirkung / das Erleben dieses Rituals auf Törleß.

Die Figuren des Romans

Robert Musil als Militär-Oberrealschüler, 1894

Dieses Foto zeigt die Erzherzöge Heinrich, Josef Ferdinand und Peter von Toskana in Kadettenuniform, die mit Musil die Militär-Oberrealschule besuchten. Der Erzherzog Heinrich ist Vorbild für den »Fürsten H.« im Roman.

1 Suchen Sie im Roman nach Textstellen, die die Personen auf den Bildern beschreiben. Inwieweit hält sich Musil an die Realität, wo weicht er ab?

Richard von Boyneburg-Lengsfeld (1878–1905), Klassendiktator in Musils Jahrgang in Eisenstadt und Vorbild für Beineberg. Er starb an den Folgen eines Kopfschusses nach der Bekämpfung des Boxeraufstandes in Peking.

Hugo Hoinkes (1879–1962), eines der beiden Modelle für Basini. Er wurde wegen eines Diebstahls am 21.02.1896 aus der Militärerziehung entfernt.

Den Charakter der Fotografie beschreiben

In seiner »Kleinen Geschichte der Photographie« schreibt Walter Benjamin (1892–1940) über die »Aura«, die alte Fotografien im Gegensatz zu modernen Fotos besitzen.

> Hat man sich lange genug in so ein Bild vertieft, erkennt man, wie sehr auch hier die Gegensätze sich berühren: die exakteste Technik kann ihren Hervorbringungen einen magischen Wert geben, wie für uns ihn ein gemaltes Bild nie mehr besitzen kann. Aller Kunstfertigkeit des Fotografen und aller Planmäßigkeit in der Haltung seines Modells zum Trotz fühlt der Beschauer unwiderstehlich den Zwang, in solchem Bild das winzige Fünkchen Zufall, Hier und Jetzt, zu suchen, mit dem die Wirklichkeit den Bildcharakter gleichsam durchgesengt hat, die unscheinbare Stelle zu finden, in welcher, im Sosein jener längstvergangenen Minute das Künftige noch heut und so beredt nistet, dass wir, rückblickend, es entdecken können.
>
> *Walter Benjamin*

1 Betrachten Sie noch einmal die Fotos aus dem 19. Jh. auf den vorhergehenden Seiten. Können Sie Benjamins These zustimmen? Inwiefern hat sich der Charakter der Fotografie besonders in jüngster Zeit (Digitalfotografie, Fotohandys …) gewandelt?

Ein Buchcover gestalten

Unter den »Paratexten« versteht man, dem Literaturwissenschaftler Gérard Genette folgend, den eigentlichen Text umgebende und ihn kommentierende Randtexte, die bei der Lektüre helfen und sie steuern. Dazu gehören neben dem Titel, dem Einband und dem Klappentext auch Vorwort, Nachwort und sogar das Druckformat oder die Drucktype.

1 Betrachten Sie das Buchcover der Ihnen vorliegenden Textausgabe. Vergleichen Sie Ihre (zeitgenössische) Ausgabe mit Titelbildern früherer Ausgaben, z. B. dem Titelbild der Erstausgabe oder dem der 1980er Jahre (s. S. 5). Wie lenken die Titelbilder Ihre Erwartung an den Buchinhalt? Welche Verstehensweisen versuchen die Titelbilder vorzugeben?

2 Machen Sie einen eigenen Vorschlag für die Gestaltung einer Neuausgabe, die zu Ihren ersten Leseeindrücken passt.

Einen Klappentext schreiben

1 Welche Vorgaben, den Text zu lesen und zu verstehen, enthält der Klappentext bereits? Sind Sie mit diesen »Vorgaben« einverstanden oder haben Sie den Text nach Ihrer ersten Lektüre anders gesehen? Schreiben Sie einen eigenen Klappentext zum »Törleß«.

Der Klappentext einer Ausgabe lautet:

Die oft gelobte Kühnheit Musilscher Psychologie zeichnet schon dies erste Werk aus. Es ist die ungewöhnliche, subtile Pubertätsstudie, in der Musil seine Erfahrungen als Kadett einer k. u. k. österreichischen Militärerziehungsanstalt auswertete. Eine scharfsinnig genaue, glasklare Interpretation jugendlichen Wachstums, die zugleich das Bild kommender Diktatur und der Vergewaltigung des Einzelnen durch das System visionär vorzeichnet.

Lektüre

1 Welche grammatikalische Besonderheit enthält der erste Satz? Welchen Sinn vermuten Sie dahinter?

2 Betrachten Sie die beiden folgenden Absätze. Welche Atmosphäre wird hier kreiert?

3 Dem Leser wird rasch deutlich, dass es sich um eine Ankunft an einem verlassenen Bahnhof handelt, ohne dass man weiß, wer hier ankommt. Wie würden Sie dieses (traditionelle) Motiv zu Beginn eines Romans – die Ankunft in einer verlassenen Gegend – deuten? Was sagt es bereits über den Konflikt im Roman aus?

4 Die im letzten Abschnitt beschriebene Szenerie vergleicht der Erzähler selbst mit einem »Puppentheater« und dem mechanischen Figurenspiel einer Turmuhr. Wie wird durch dieses Bild die Atmosphäre des Anfangs unterstützt? Versuchen Sie eine Gesamtdeutung des Beginns anhand der zentralen sprachlichen Bilder.

Robert Musil

Die Verwirrungen des Zöglings Törleß: Romaneinstieg 1906

Eine kleine Station an der Strecke, welche nach Russland führt.

Endlos gerade liefen vier parallele Eisenstränge nach beiden Seiten zwischen dem gelben Kies des breiten Fahrdammes; neben jedem wie ein schmutziger Schatten der dunkle, von dem Abdampfe in den Boden gebrannte Strich.

Hinter dem niederen, ölgestrichenen Stationsgebäude führte eine breite, ausgefahrene Straße zur Bahnhofsrampe herauf. Ihre Ränder verloren sich in dem ringsum zertretenen Boden und waren nur an zwei Reihen Akazienbäumen kenntlich, die traurig mit verdursteten, von Staub und Ruß erdrosselten Blättern zu beiden Seiten standen.

Machten es diese traurigen Farben, machte es das bleiche, kraftlose, durch den Dunst ermüdete Licht der Nachmittagssonne: Gegenstände und Menschen hatten etwas Gleichgültiges, Lebloses, Mechanisches an sich, als seien sie aus der Szene eines Puppentheaters genommen. Von Zeit zu Zeit, in gleichen Intervallen, trat der Bahnhofsvorstand aus seinem Amtszimmer heraus, sah mit der gleichen Wendung des Kopfes die weite Strecke hinauf nach den Signalen der Wächterhäuschen, die immer noch nicht das Nahen des Eilzuges anzeigen wollten, der an der Grenze große Verspätung erlitten hatte; mit ein und derselben Bewegung des Armes zog er sodann seine Taschenuhr hervor, schüttelte den Kopf und verschwand wieder; so wie die Figuren kommen und gehen, die aus alten Turmuhren treten, wenn die Stunde voll ist.

INFO Romaneinstieg

Der Romaneinstieg nimmt eine zentrale Stellung innerhalb des Werkganzen ein. Er prägt die Lektüreerwartung, »stimmt ein« auf Atmosphäre und erzählte Welt und stellt häufig die Protagonisten und das Setting vor. Der Leser wird mit der Erzählsituation vertraut gemacht. Man unterscheidet eher zwischen einem traditionell erzählten Beginn, der mit Figuren und Handlung vertraut macht und das Erzählerische offenlegt (vgl. Märchen) und »offenen« Einstiegen, die den Leser sogleich in den Mittelpunkt des Geschehens versetzen, eine anfängliche Verwirrung einkalkulierend.

Gottfried Keller

Kleider machen Leute 1856

An einem unfreundlichen Novembertage wanderte ein armes Schneiderlein auf der Landstraße nach Goldach, einer kleinen reichen Stadt, die nur wenige Stunden von Seldwyla entfernt ist. Der Schneider trug in seiner Tasche nichts als einen Fingerhut, welchen er, in Ermangelung irgend einer Münze, unablässig zwischen den Fingern drehte, wenn er der Kälte wegen die Hände in die Hosen steckte, und die Finger schmerzten ihn ordentlich von diesem Drehen und Reiben. Denn er hatte wegen des Falliments irgendeines Seldwyler Schneidermeisters seinen Arbeitslohn mit der Arbeit zugleich verlieren und auswandern müssen. Er hatte noch nichts gefrühstückt als einige Schneeflocken, die ihm in den Mund geflogen, und er sah noch weniger ab, wo das geringste Mittagbrot herwachsen sollte. Das Fechten fiel ihm äußerst schwer, ja schien ihm gänzlich unmöglich, weil er über seinem schwarzen Sonntagskleide, welches sein einziges war, einen weiten dunkelgrauen Radmantel trug, mit schwarzem Samt ausgeschlagen, der seinem Träger ein edles und romantisches Aussehen verlieh, zumal dessen lange schwarze Haare und Schnurrbärtchen sorgfältig gepflegt waren und er sich blasser, aber regelmäßiger Gesichtszüge erfreute.

Solcher Habitus war ihm zum Bedrängnis geworden, ohne dass er etwas Schlimmes oder Betrügerisches dabei im Schilde führte; vielmehr war er zufrieden, wenn man ihn nur gewähren und im Stillen seine Arbeit verrichten ließ; aber lieber wäre er verhungert, als dass er sich von seinem Radmantel und von seiner polnischen Pelzmütze getrennt hätte, die er ebenfalls mit großem Anstand zu tragen wusste.

Er konnte deshalb nur in größeren Städten arbeiten, wo solches nicht zu sehr auffiel; wenn er wanderte und keine Ersparnisse mitführte, so geriet er in die größte Not. Näherte er sich einem Hause, so betrachteten ihn die Leute mit Verwunderung und Neugierde und erwarteten eher alles andere, als dass er betteln würde; so erstarben ihm, da er überdies nicht beredt war, die Worte im Munde, also dass er der Märtyrer seines Mantels war und Hunger litt, so schwarz wie des letzteren Samtfutter.

Als er bekümmert und geschwächt eine Anhöhe hinaufging, stieß er auf einen neuen und bequemen Reisewagen …

Seldwyla Ort in der Schweiz
Falliment Bankrott
herwachsen herkommen
Radmantel kreisförmig geschnittener Mantel oder Umhang
Habitus Erscheinungsbild

Der nebenstehende Textauszug stellt den Beginn von Gottfried Kellers Erzählung »Kleider machen Leute« dar.

1 Vergleichen Sie Musils Einstieg mit dem von Gottfried Keller.

2 Welchen Effekt auf den Leser haben diese beiden unterschiedlichen Typen eine Erzählung zu beginnen?

3 Wenden Sie nun die von Ihnen aufgeführten formalen Merkmale der beiden Typen auf die jeweils andere Erzählung an: Schreiben Sie Musils Einstieg mit den Merkmalen Kellers und Kellers Einstieg mit den Merkmalen Musils.

Struktur und Handlungsaufbau skizzieren

1 Der Roman enthält keine Kapitelüberschriften, dafür aber durch Einschnitte (jeweils zwei Leerzeilen) voneinander getrennte Abschnitte. Nummerieren Sie diese Abschnitte durch und füllen Sie die folgende Tabelle aus.

Kapitelnr.	Seitenabschnitt	beteiligte Figuren	Handlung
1			

Erzählphasen zusammenfassen

1 Fassen Sie nun die Einzelkapitel zu längeren Erzählphasen zusammen.

	Kapitel	Seitenabschnitt	Handlung
Erzähl-phase 1			
Erzähl-phase 2			
Erzähl-phase 3			
Erzähl-phase 4			

Figuren und Figurenkonstellationen

Robert Musil

Die Verwirrungen des Zöglings Törleß (Auszüge)

Im Folgenden lesen Sie den Auszug, in dem das Verhältnis von Törleß zu seinen Eltern und sein »Heimweh« thematisiert wird.

Vor vier Jahren hatte dies das Elternpaar Törleß bewogen, dem ehrgeizigen Drängen seines Knaben nachzugeben und seine Aufnahme in das Institut zu erwirken.

Dieser Entschluss hatte später viele Tränen gekostet. Denn fast seit dem Augenblicke, da sich das Tor des Institutes unwiderruflich hinter ihm geschlossen hatte, litt der kleine Törleß an fürchterlichem, leidenschaftlichem Heimweh. Weder die Unterrichtsstunden, noch die Spiele auf den großen üppigen Wiesen des Parkes, noch die anderen Zerstreuungen, die das Konvikt seinen Zöglingen bot, vermochten ihn zu fesseln; er beteiligte sich kaum an ihnen. Er sah alles nur wie durch einen Schleier und hatte selbst untertags häufig Mühe, ein hartnäckiges Schluchzen hinabzuwürgen; des Abends schlief er aber stets unter Tränen ein.

Er schrieb Briefe nach Hause, beinahe täglich, und er lebte nur in diesen Briefen; alles andere, was er tat, schien ihm nur ein schattenhaftes, bedeutungsloses Geschehen zu sein, gleichgültige Stationen wie die Stundenziffern eines Uhrblattes. Wenn er aber schrieb, fühlte er etwas Auszeichnendes, Exklusives in sich; wie eine Insel voll wunderbarer Sonnen und Farben hob sich etwas in ihm aus dem Meere grauer Empfindungen heraus, das ihn Tag um Tag kalt und gleichgültig umdrängte. Und wenn er untertags, bei den Spielen oder im Unterrichte, daran dachte, dass er abends seinen Brief schreiben werde, so war ihm, als trüge er an unsichtbarer Kette einen goldenen Schlüssel verborgen, mit dem er, wenn es niemand sieht, das Tor von wunderbaren Gärten öffnen werde.

Das Merkwürdige daran war, dass diese jähe, verzehrende Hinneigung zu seinen Eltern für ihn selbst etwas Neues und Befremdendes hatte. Er hatte sie vorher nicht geahnt, er war gern und freiwillig ins Institut gegangen, ja er hatte gelacht, als sich seine Mutter beim ersten Abschied vor Tränen nicht fassen konnte, und dann erst, nachdem er schon einige Tage allein gewesen war und sich verhältnismäßig wohl befunden hatte, brach es plötzlich und elementar in ihm empor.

Er hielt es für Heimweh, für Verlangen nach seinen Eltern. In Wirklichkeit war es aber etwas viel Unbestimmteres und Zusammengesetzteres. Denn der »Gegenstand dieser Sehnsucht«, das Bild seiner Eltern, war darin eigentlich gar nicht mehr enthalten. Ich meine diese gewisse plastische, nicht bloß gedächtnismäßige, sondern körperliche Erinnerung an eine geliebte Person, die zu allen Sinnen spricht und in allen Sinnen bewahrt wird, so dass man nichts tun kann, ohne schweigend und unsichtbar den anderen zur Seite zu fühlen. Diese verklang bald wie eine Resonanz, die nur noch eine Weile fortgezittert hatte. Törleß konnte sich damals beispielsweise nicht mehr das Bild seiner »lieben, lieben Eltern« – dermaßen sprach er es meist vor sich hin – vor Augen zaubern. Versuchte er es, so kam an dessen Stelle der grenzenlose Schmerz in ihm empor, dessen Sehnsucht ihn züchtigte und ihn doch eigenwillig festhielt, weil ihre heißen Flammen ihn zugleich schmerzten und entzückten. Der Gedanke an seine Eltern wurde ihm hierbei mehr und mehr zu einer bloßen Gelegenheitsursache, dieses egoistische Leiden in sich zu erzeugen, das ihn in seinen wollüstigen Stolz einschloss wie in die Abgeschiedenheit einer Kapelle, in der von hundert flammenden Kerzen und von hundert Augen heiliger Bilder Weihrauch zwischen die Schmerzen der sich selbst Geißelnden gestreut wird. –

Als dann sein »Heimweh« weniger heftig wurde und sich allgemach verlor, zeigte sich diese seine Art auch ziemlich deutlich. Sein Verschwinden führte nicht eine endlich erwartete Zufriedenheit nach sich, sondern ließ in der Seele des jungen Törleß eine Leere zurück. Und an diesem Nichts, an diesem Unausgefüllten in sich erkannte er, dass es nicht eine bloße Sehnsucht gewesen war, die ihm abhanden kam, sondern etwas Positives, eine seelische Kraft, etwas, das sich in ihm unter dem Vorwand des Schmerzes ausgeblüht hatte.

Nun aber war es vorbei, und diese Quelle einer ersten höheren Seligkeit hatte sich ihm erst durch ihr Versiegen fühlbar gemacht.

Zu dieser Zeit verloren sich die leidenschaftlichen Spuren der im Erwachen gewesenen Seele wieder aus seinen Briefen, und an ihre Stelle traten ausführliche Beschreibungen des Lebens im Institute und der neugewonnenen Freunde.

Er selbst fühlte sich dabei verarmt und kahl, wie ein Bäumchen, das nach der noch fruchtlosen Blüte den ersten Winter erlebt.

Seine Eltern aber waren es zufrieden. Sie liebten ihn mit einer starken, gedankenlosen, tierischen Zärtlichkeit. Jedes Mal, wenn er vom Konvikte Ferien bekommen hatte, erschien der Hofrätin nachher ihr Haus von neuem leer und ausgestorben, und noch einige Tage nach jedem solchen Besuche ging sie mit Tränen in den Augen durch die Zimmer, da und dort einen Gegenstand liebkosend berührend, auf dem das Auge des Knaben geruht oder den seine Finger gehalten hatten. Und beide hätten sie sich für ihn in Stücke reißen lassen.

Die unbeholfene Rührung und leidenschaftliche, trotzige Trauer seiner Briefe beschäftigte sie schmerzlich und versetzte sie in einen Zustand hochgespannter Empfindsamkeit; der heitere, zufriedene Leichtsinn, der darauf folgte, machte auch sie wieder froh, und in dem Gefühle, dass dadurch eine Krise überwunden worden sei, unterstützten sie ihn nach Kräften.

Weder in dem einen noch in dem andern erkannten sie das Symptom einer bestimmten seelischen Entwicklung, vielmehr hatten sie Schmerz und Beruhigung gleichermaßen als eine natürliche Folge der gegebenen Verhältnisse hingenommen. Dass es der erste, missglückte Versuch des jungen, auf sich selbst gestellten Menschen gewesen war, Kräfte des Inneren zu entfalten, entging ihnen. […]

1 Die erste Bekanntschaft mit Törleß macht der Leser auf eher indirektem Wege, nämlich über die Schilderung seines Heimwehs. Beschreiben Sie, welche Gefühle Törleß bedrängen. Was ist das Heimweh in Wahrheit?

2 Auf welche Weise wird dem Leser deutlich, dass das Heimweh kein wirkliches Heimweh ist? Welche Rückschlüsse ziehen Sie daraus auf die Erzählhaltung?

3 Musil macht früh deutlich, dass Törleß ein auf die Entfaltung seiner Innerlichkeit bedachter, höchst individualistischer Mensch ist, dem es um seine Eltern nicht wirklich geht. Er ist auf seine »seelische Kraft«, seine »Kräfte des Inneren« bedacht. Erläutern Sie diese Zitate.

Der junge Törleß – Ansatz zu einer Charakterisierung

Törleß macht in Musils Romanerstling eine Entwicklung durch, die in erster Linie geistig-seelischer Art ist. Er ist zu Beginn des Romans etwa 15 Jahre alt, steht also in der Pubertät. Man kann daher seine »Verwirrungen« durch sein Alter und die mit diesem verbundenen Unsicherheiten erklären. Musil geht es allerdings nicht darum. Er zeigt am Beispiel des pubertierenden Jünglings wesentlich »tiefgehendere«, philosophische und ethische Verwirrungen auf, die jeden reflektierenden Menschen betreffen können. Um die Entwicklung des jungen Törleß in einer Art »Versuchslabor« beobachten zu können, isoliert Musil seine Figur Törleß zunächst von der heimatlichen Umwelt und setzt ihn in ein neues, von der Außenwelt recht abgeschiedenes Umfeld unter Gleichaltrige – die Kadettenanstalt.
Besonders die Episode mit dem Prinzen H. zeigt den Beginn der neuen Entwicklung bei Törleß:

Prinz H.

[...] Eine Episode dieser Zeit war für das charakteristisch, was sich damals in Törleß zu späterer Entwicklung vorbereitete.
Eines Tages war nämlich der junge Fürst H. ins Institut eingetreten, der aus einem der einflussreichsten, ältesten und konservativsten Adelsgeschlechter des Reiches stammte.

Alle anderen fanden seine sanften Augen fad und affektiert; die Art und Weise, wie er im Stehen die eine Hüfte herausdrückte und beim Sprechen langsam mit den Fingern spielte, verlachten sie als weibisch. Besonders aber spotteten sie darüber, dass er nicht von seinen Eltern ins Konvikt gebracht worden war, sondern von seinem bisherigen Erzieher, einem doctor theologiae und Ordensgeistlichen.

Törleß aber hatte vom ersten Augenblicke an einen starken Eindruck empfangen. Vielleicht wirkte dabei der Umstand mit, dass es ein hoffähiger Prinz war, jedenfalls war es aber auch eine andere Art Mensch, die er da kennen lernte.

Das Schweigen eines alten Landedelschlosses und frommer Übungen schien irgendwie noch an ihm zu haften. Wenn er ging, so geschah es mit weichen, geschmeidigen Bewegungen, mit diesem etwas schüchternen Sichzusammenziehen und Schmalmachen, das der Gewohnheit eigen ist, aufrecht durch die Flucht leerer Säle zu schreiten, wo ein anderer an unsichtbaren Ecken des leeren Raumes schwer anzurennen scheint.

Der Umgang mit dem Prinzen wurde so zur Quelle eines feinen psychologischen Genusses für Törleß. Er bahnte in ihm jene Art Menschenkenntnis an, die es lehrt, einen anderen nach dem Fall der Stimme, nach der Art, wie er etwas in die Hand nimmt, ja selbst nach dem Timbre seines Schweigens und dem Ausdruck der körperlichen Haltung, mit der er sich in einen Raum fügt, kurz nach dieser beweglichen, kaum greifbaren und doch erst eigentlichen, vollen Art etwas Seelisch-Menschliches zu sein, die um den Kern, das Greif- und Besprechbare, wie um ein bloßes Skelett herumgelagert ist, so zu erkennen und zu genießen, dass man die geistige Persönlichkeit dabei vorwegnimmt.

1 Charakterisieren Sie Törleß, wie er sich im Umgang mit dem Prinzen H. verhält und fühlt.

2 Ist der Prinz ein wirklicher Freund für Törleß? Worum geht es ihm eigentlich in dieser Beziehung?

Törleß lebte während dieser kurzen Zeit wie in einer Idylle. Er stieß sich nicht an der Religiosität seines neuen Freundes, die ihm, der aus einem bürgerlich-freidenkenden Hause stammte, eigentlich etwas ganz Fremdes war. Er nahm sie vielmehr ohne alles Bedenken hin, ja sie bildete in seinen Augen sogar einen besonderen Vorzug des Prinzen, denn sie steigerte das Wesen dieses Menschen, das er dem seinen völlig unähnlich, aber auch ganz unvergleichlich fühlte.

In der Gesellschaft dieses Prinzen fühlte er sich etwa wie in einer abseits des Weges liegenden Kapelle, so dass der Gedanke, dass er eigentlich nicht dorthin gehöre, ganz gegen den Genuss verschwand, das Tageslicht einmal durch Kirchenfenster anzusehen und das Auge so lange über den nutzlosen, vergoldeten Zierrat gleiten zu lassen, der in der Seele dieses Menschen aufgehäuft war, bis er von dieser selbst ein undeutliches Bild empfing, so, als ob er, ohne sich Gedanken darüber machen zu können, mit dem Finger eine schöne, aber nach seltsamen Gesetzen verschlungene Arabeske nachzöge.

Dann kam es plötzlich zum Bruche zwischen beiden.

Wegen einer Dummheit, wie sich Törleß selbst hinterher sagen musste.

Sie waren nämlich doch einmal ins Streiten über religiöse Dinge gekommen. Und in diesem Augenblicke war es eigentlich schon um alles geschehen. Denn wie von Törleß unabhängig, schlug nun der Verstand in ihm unaufhaltsam auf den zarten Prinzen los. Er überschüttete ihn mit dem Spotte des Vernünftigen, zerstörte barbarisch das filigrane Gebäude, in dem dessen Seele heimisch war, und sie gingen im Zorne auseinander.

Seit der Zeit hatten sie auch kein Wort wieder zueinander gesprochen. Törleß war sich wohl dunkel bewusst, dass er etwas Sinnloses getan hatte, und eine unklare, gefühlsmäßige Einsicht sagte ihm, dass da dieser hölzerne Zollstab des Verstandes zu ganz unrechter Zeit etwas Feines und Genussreiches zerschlagen habe. Aber dies war etwas, das ganz außer seiner Macht lag. Eine Art Sehnsucht nach dem Früheren war wohl für immer in ihm zurückgeblieben, aber er schien in einen anderen Strom geraten zu sein, der ihn immer weiter davon entfernte.

Nach einiger Zeit trat dann auch der Prinz, der sich im Konvikte nicht wohl befunden hatte, wieder aus.

1 Beobachten Sie Törleß zu Beginn des Romans und erstellen Sie in Gruppenarbeit einen ersten Charakterisierungsversuch hinsichtlich verschiedener Aspekte. Gestalten Sie Ihre Präsentationen übersichtlich und anschaulich (Schaubilder, Diagramme, Visualisierungen).

Anregung

Drei Themenbereiche sind vorgegeben: Jede Gruppe sucht sich einen aus und erstellt eine Präsentation (Plakat, Tafelbild, Folie, Power Point ...), auf die später zurückgegriffen werden kann.

1. Thema: Törleß' Beziehung zu seinen Eltern – relevante Textstellen:
S. 7–12 Ankunft; S. 19–21 Verabschiedung; S. 42–49 Erinnerung an die Mutter bei Božena
2. Thema: Sinnlichkeit und Sexualität – relevante Textstellen:
S. 21–23 Heimweg; S. 35–49 Besuch bei Božena
3. Thema: Fragen der Moral – relevante Textstellen:
S. 49–74 Diebstahl Basinis; S. 93–102 Homosexualität und Erpressung

Im Folgenden lesen Sie den Auszug, in dem Beineberg näher charakterisiert wird.

Beineberg.

[...] Beineberg erzählte. Von Indien. Wie gewöhnlich. Denn sein Vater, der General war, war dort als junger Offizier in englischen Diensten gestanden. Und nicht nur hatte er wie sonstige Europäer Schnitzereien, Gewebe und kleine Industriegötzen mit herübergebracht, sondern auch etwas von dem geheimnisvollen, bizarren Dämmern des esoterischen Buddhismus gefühlt und sich bewahrt. Auf seinen Sohn hatte er das, was er von da her wusste und später noch hinzulas, schon von dessen Kindheit an übertragen.

Mit dem Lesen war es übrigens bei ihm ganz eigen. Er war Reiteroffizier und liebte durchaus nicht die Bücher im allgemeinen. Romane und Philosophie verachtete er gleichermaßen. Wenn er las, wollte er nicht über Meinungen und Streitfragen nachdenken, sondern schon beim Aufschlagen der Bücher wie durch eine heimliche Pforte in die Mitte auserlesener Erkenntnisse treten. Es mussten Bücher sein, deren Besitz allein schon wie ein geheimes Ordenszeichen war und wie eine Gewährleistung überirdischer Offenbarungen. Und solches fand er nur in den Büchern der indischen Philosophie, die für ihn eben nicht bloß Bücher zu sein schienen, sondern Offenbarungen, Wirkliches, – Schlüsselwerke wie die alchimistischen und Zauberbücher des Mittelalters.

Mit ihnen schloss sich dieser gesunde, tatkräftige Mann, der strenge seinen Dienst versah und überdies seine drei Pferde fast täglich selber ritt, meist gegen Abend ein.

Dann griff er aufs Geratewohl eine Stelle heraus und sann, ob sich ihr geheimster Sinn ihm nicht heute erschlösse. Und nie war er enttäuscht, so oft er auch einsehen musste, dass er noch nicht weiter als zum Vorhof des geheiligten Tempels gelangt sei.

So schwebte um diesen nervigen, gebräunten Freiluftmenschen etwas wie ein weihevolles Geheimnis. Seine Überzeugung, täglich am Vorabend einer niederschmetternd großen Enthüllung zu stehen, gab ihm eine verschlossene Überlegenheit. Seine Augen waren nicht träumerisch, sondern ruhig und hart. Die Gewohnheit, in Büchern zu lesen, in denen kein Wort von seinem Platze gerückt werden durfte, ohne den geheimen Sinn zu stören, das vorsichtige, achtungsvolle Abwägen eines jeden Satzes nach Sinn und Doppelsinn, hatte ihren Ausdruck geformt.

Nur mitunter verloren sich seine Gedanken in ein Dämmern von wohliger Melancholie. Das geschah, wenn er an den geheimen Kult dachte, der sich an die Originale der vor ihm liegenden Schriften knüpfte, an die Wunder, die von ihnen ausgegangen waren und Tausende ergriffen hatten, Tausende von Menschen, die ihm wegen der großen Entfernung, die ihn von ihnen trennte, nun wie Brüder er-

1 Erstellen Sie ein Standbild des Gespräches in der Konditorei. Achten Sie besonders auf Haltung und Mimik von Törleß und Beineberg.

2 Immer wieder ist von Törleß' Abneigung gegenüber Beineberg die Rede; so fühlt er »jenen merkwürdigen Widerwillen gegen diesen«. Worin ist diese Abneigung begründet? Was stößt Törleß ab?

3 Charakterisieren Sie Beineberg. Nehmen Sie dabei auch Bezug auf andere Textstellen, stützen Sie sich im Kern jedoch auf die hier abgedruckte.

schienen, während er doch die Menschen seiner Umgebung, die er mit allen ihren Details sah, verachtete. In diesen Stunden wurde er missmutig. Der Gedanke, dass sein Leben verurteilt sei, ferne von den Quellen der heiligen Kräfte zu verlaufen, seine Anstrengungen verurteilt, an der Ungunst der Verhältnisse vielleicht doch zu erlahmen, drückte ihn nieder. Wenn er aber dann eine Weile betrübt vor seinen Büchern gesessen war, wurde ihm eigentümlich zumute. Seine Melancholie verlor zwar nichts von ihrer Schwere, im Gegenteil, ihre Traurigkeit steigerte sich noch, aber sie drückte ihn nicht mehr. Er fühlte sich mehr denn je verlassen und auf verlornem Posten, aber in dieser Wehmut lag ein feines Vergnügen, ein Stolz, etwas Fremdes zu tun, einer unverstandenen Gottheit zu dienen. Und dann konnte wohl auch vorübergehend in seinen Augen etwas aufleuchten, da an den Aberwitz religiöser Ekstase gemahnte.

Beineberg hatte sich müde gesprochen. In ihm lebte das Bild seines wunderlichen Vaters in einer Art verzerrender Vergrößerung weiter. Jeder Zug war zwar bewahrt; aber das, was bei jenem ursprünglich vielleicht nur eine Laune gewesen war, die ihrer Exklusivität halber konserviert und gesteigert wurde, hattse sich in ihm zu einer fantastischen Hoffnung ausgewachsen. Jene Eigenheit seines Vaters, die für diesen im Grunde genommen vielleicht doch nur den gewissen letzten Schlupfwinkel der Individualität bedeutete, den sich jeder Mensch – und sei es auch nur durch die Wahl seiner Kleider – schaffen muss, um etwas zu haben, das ihn vor anderen auszeichne, war in ihm zu dem festen Glauben geworden, sich mittels ungewöhnlicher seelischer Kräfte eine Herrschaft sichern zu können.

INFO Das Standbild

Das Standbild soll einen Textabschnitt visualisieren und ist somit eine Art Vorstufe zum szenischen Spiel. Es wird sehr sorgfältig vorbereitet, denn man sollte aus der Darstellung Rückschlüsse auf das Verhältnis und den Charakter der dargestellten Figuren ziehen können.

Der »Regisseur« bestimmt die Mitspieler des Standbildes und modelliert das Bild Schritt für Schritt. Die Mitspieler sind dabei völlig passiv. Der Vorschlag des Regisseurs wird im Anschluss vom Plenum korrigiert, sodass ein Konsens über den Ausdruck der Figuren entsteht. Die Mitspieler erstarren dann in der vorgeschlagenen Haltung, wenn möglich, wird ein Foto gemacht. Abschließend diskutiert man über die Deutung des Standbildes.

Im Folgenden lesen Sie den Auszug, in dem Reiting näher charakterisiert wird.

Reiting.

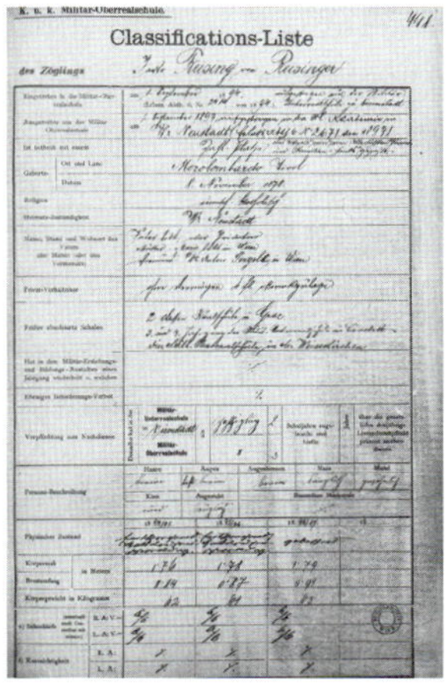
Classifications-Liste

Classifikationsliste für Jarto Reising von Reisinger (1878–1899) Vorbild Reitings

[…] Ähnliches wusste er auch von Reiting. Dieser hatte gleichfalls seine versteckten Winkel, in denen er geheime Tagebücher aufbewahrte; nur waren diese mit verwogenen Plänen für die Zukunft ausgefüllt und mit genauen Aufzeichnungen über Ursache, Inszenesetzung und Verlauf der zahlreichen Intrigen, die er unter seinen Kameraden anstiftete. Denn Reiting kannte kein größeres Vergnügen, als Menschen gegeneinander zu hetzen, den einen mit Hilfe des andren unterzukriegen und sich an abgezwungenen Gefälligkeiten und Schmeicheleinen zu weiden, hinter deren Hülle er noch das Widerstreben des Hasses fühlen konnte.

»Ich übe mich dabei«, war die einzige Entschuldigung, und er gab sie mit liebenswürdigem Lachen. Zur Übung sollte ihm auch gereichen, dass er fast täglich an irgendeinem entlegenen Orte, sei es gegen eine Wand, sei es gegen den Baum oder einen Tisch, boxte, um seine Arme zu stärken und seine Hände durch Schwielen abzuhärten.

Törleß wusste um all dies, aber er verstand es nur bis zu einem gewissen Punkte. Er war einige Male sowohl Reiting als Beineberg auf ihren eigenwilligen Wegen gefolgt. Das Ungewönliche daran hatte ihm ja gefallen. Und auch das liebte er, hernach in die Tageshelle zu treten, unter alle Kameraden, mitten in die Heiterkeit hinein, während er in sich, in seinen Augen und Ohren, noch die Erregungen der Einsamkeit und die Halluzinationen der Dunkelheit zittern fühlte. Wenn ihm aber Beineberg oder Reiting bei solcher Gelegenheit, um jemanden zu haben, vor dem sie von sich sprechen konnten, auseinandersetzten, was sie bei all dem bewegte, versagte sein Verständnis. Er fand Reiting sogar überspannt. Dieser sprach nämlich mit Vorliebe davon, dass sein Vater eine merkwürdig unstete, später verschollene Person gewesen sei. Sein Name sollte überhaupt nur ein Inkognito für den eines sehr hohen Geschlechtes sein. Er dachte von seiner Mutter noch einmal in weitgehnde Ansprüche eingeweiht zu werden, rechnete mit Staatsstreichen und großer Politik und wollte demzufolge Offizier werden.

Solche Absichten konnte sich Törleß ernstlich gar nicht vorstellen. Die jahrhunderte der Revolutionen schienen ihm ein für alle Male vorbei. Dennoch verstand Reiting Ernst zu machen. Vorläufig freilich nur im Kleinen. Er war ein Tyrann und unnachsichtig gegen den, der sich ihm widersetzte. Sein Anhang wechselte von Tag zu Tag, aber immer war die Majorität auf seiner Seite. darin bestand sein Talent. […]

1 Reitings »geheime Tagebücher« – was steht wohl darin über Törleß (gesetzt den Fall, diese existieren wirklich)? Schreiben Sie einen solchen Eintrag Reitings über Törleß in Ihr Heft. Berücksichtigen Sie dabei die durch den Erzähler vorgenommene Charakterbeschreibung.

2 Stellen Sie sich vor, Sie sind mit der Verfilmung des Törleß-Romans betraut. Beschreiben Sie Ihre Idealvorstellung für die Besetzung Reitings. Neben dem Aussehen sollten Sie auch auf Mimik, Gestik, Gebaren, Stimmfall, Sprechweise usw. eingehen.

Im Folgenden lesen Sie den Auszug, in dem Basini näher charakterisiert wird.

Basini.

[...] Er war etwas größer als Törleß, jedoch sehr schwächlich gebaut, hatte weiche, trage Bewegungen und weibische Gesichtszüge. Sein Verstand war gering, im Fechten und Turnen war er einer der letzten, doch war ihm eine angenehme Art koketter Liebenswürdigkeit eigen.

Zu Božena war er seinerzeit nur gekommen, um den Mann zu spielen. Eine wirkliche Begierde dürfte ihm bei seiner zurückgebliebenen Entwicklung durchaus noch fremd gewesen sein. Er empfand es vielmehr bloß als Nötigung, als Angemessenheit oder Verpflichtung, dass man den Duft galanter Erlebnisse an ihm nicht vermisse. Sein schönster Augenblick war der, wenn er von Božena wegging und es hinter sich hatte, denn es war ihm nur um den Besitz der Erinnerung zu tun.

Mitunter log er auch aus Eitelkeit. So kam er nach jedem Urlaube mit Andenken an kleine Abenteuer zurück, – Bändern, Locken, schmalen Briefchen. Als er aber einmal ein Strumpfband in seinem Koffer mitgebracht hatte, ein liebes, kleines, duftendes, himmelblaues, und nachträglich sich herausstellte, dass es von niemand anderem als seiner eigenen zwölfjährigen Schwester war, wurde er wegen dieses lächerlichen Großtuns viel verlacht.

Die moralische Minderwertigkeit, die sich an ihm herausstellte, und seine Dummheit wuchsen auf einem Stamm. Er vermochte keiner Eingebung Widerstand entgegenzusetzen und wurde von den Folgen stets überrascht. Er war darin wie jene Frauen mit niedlichen Löckchen über der Stirne, die ihrem Gatten in mahlzeitweisen Dosen Gift beibringen und sich dann voller Schrecken über die fremden, harten Worte des Staatsanwaltes wundern und über ihr Todesurteil.

1 Wer nimmt die nebenstehende Charakterisierung vor?

2 Betrachten Sie den letzten Satz des Auszugs genauer. Beschreiben Sie die Art des Vergleichs, den Musil hier vornimmt. Erscheint er Ihnen passend innerhalb einer Charakterisierung?

3 Nehmen Sie die Informationen hinzu, die Sie im weiteren Verlauf des Geschehens über Basini erhalten und erweitern Sie die Charakterisierung.

Franz Fabini (rechts, geb. 1880), neben Hugo Hoinkes zweites Vorbild für Basini. Wurde 1896 aus ungeklärten Umständen aus der Kadettenanstalt entfernt. Galt als das schwarze Schaf der Familie und ist spurlos verschwunden.

Die Beziehungen der Figuren zueinander ermitteln

1 Arbeiten Sie noch einmal die Seiten durch, auf denen es um die Beziehung des jungen Törleß zu Beineberg und Reiting geht. Törleß befindet sich mit Beineberg in einem Café, in dem eine philosophische Diskussion zwischen beiden beginnt. Der andere Textausschnitt behandelt Törleß' Besuch in der Dachkammer. Tragen Sie Ihre Ergebnisse in das Schaubild ein (unter die Namen die Charakterisierung der jeweiligen Figur, auf die Pfeile Attribute, die das Verhältnis der jeweiligen Figuren zueinander beschreiben). Vergleichen Sie im Anschluss Ihre Ergebnisse mit den bisherigen Charakterisierungen.

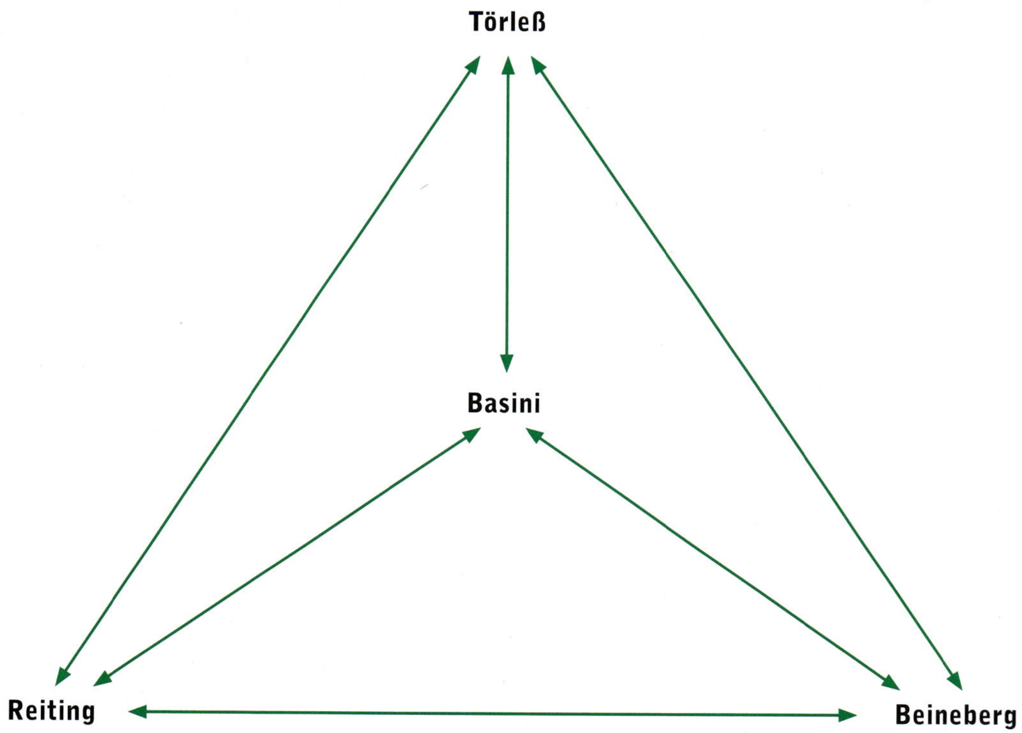

2 Offensichtlich nutzen Reiting, Beineberg und auch Törleß Basini für ihre jeweiligen Interessen ohne Rücksicht aus. Welche Interessen verfolgen die drei Zöglinge? Wie rechtfertigt der Erzähler Törleß' Verhalten gegenüber Basini?

3 Bereiten Sie ein Simulationsspiel vor: Törleß, Reiting, Beineberg und Basini erscheinen vor dem Lehrerkollegium, das von den Quälereien erfahren hat. Besetzen Sie die Rollen von Richter, Kläger und Verteidiger mit Lehrern aus dem Konvikt. Wie verteidigt sich Törleß?

Die Verwirrungen – Sexualität und Triebhaftigkeit

[…] Er hatte damals plötzlich an seine eigene Mutter denken müssen, und dies hielt nun fest und war nicht loszubekommen. Es war ihm nur so durch die Grenzen des Bewusstseins geschossen – blitzschnell oder undeutlich weit – am Rande – nur wie im Fluge gesehen – kaum ein Gedanke zu nennen. Und hastig war darauf eine Reihe von Fragen gefolgt, die es verdecken sollten: »Was ist es, das es ermöglicht, dass diese Božena ihre niedrige Existenz an die meiner Mutter heranrücken kann? Dass sie sich in der Enge desselben Gedankens an jene herandrängt? Warum berührt sie nicht mit der Stirne die Erde, wenn sie schon von ihr sprechen muss? Warum ist es nicht wie durch einen Abgrund zum Ausdruck gebracht, dass hier gar keine Gemeinsamkeit besteht? Denn, wie ist es doch? Dieses Weib ist für mich ein Knäuel aller geschlechtlichen Begehrlichkeiten; und meine Mutter ein Geschöpf, das bisher in wolkenloser Entfernung, klar und ohne Tiefen, wie ein Gestirn jenseits alles Begehrens durch mein Leben wandelte …«

Prostituierte um 1900. Musil infizierte sich wahrscheinlich 1898 mit Syphilis, als er in Brünn in einem Bordell verkehrte.

Aber alle diese Fragen waren nicht das Eigentliche. Berührten es kaum. Sie waren etwas Sekundäres; etwas, das Törleß erst nachträglich eingefallen war. Sie vervielfältigten sich nur, weil keine das Rechte bezeichnete. Sie waren nur Ausflüchte, Umschreibungen der Tatsache, dass vorbewusst, plötzlich, instinktiv ein seelischer Zusammenhang gegeben war, der sie vor ihrem Entstehen schon in bösem Sinne beantwortet hatte. Törleß sättigte sich mit den Augen an Božena und konnte dabei seiner Mutter nicht vergessen; durch ihn hindurch verkettete die beiden einen Zusammenhang: Alles andere war nur ein sich Winden unter dieser Ideenverschlingung. Diese war die einzige Tatsache. Aber durch die Vergeblichkeit, ihren Zwang abzuschütteln, gewann sie eine fürchterliche, unklare Bedeutung, die wie ein perfides Lächeln alle Anstrengungen begleitete. […]

Und gerade in diesem Augenblicke stand Božena auf und trat zu ihm hin.

»Warum spricht denn der Kleine nichts? Hat er Kummer?«

Beineberg flüsterte etwas und lächelte boshaft.

»Was, Heimweh? Ist wohl die Mama weggefahren? Und der garstige Bub läuft gleich zu so einer!«

1 Analysieren Sie die vorliegende Textstelle.

2 Welche Bedeutung nimmt Božena für Törleß' Entwicklung ein?

3 Informieren Sie sich über Freuds Theorie des ödipalen Konflikts, die er im Jahre 1900 zum ersten Mal erwähnt. Inwiefern spiegelt Musils Božena-Episode diese Theorie?

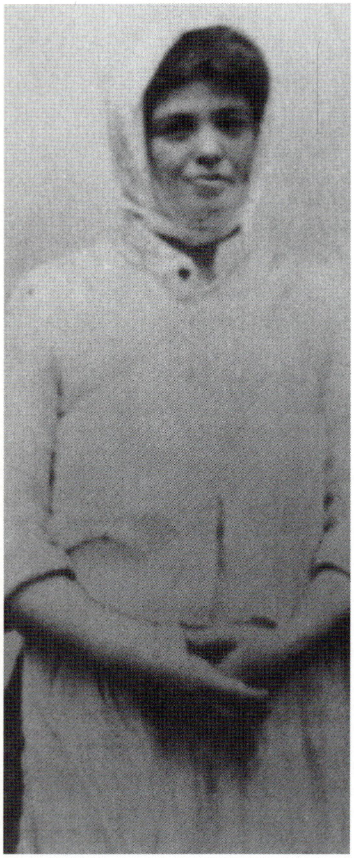

Tschechische Prostituierte um 1900 vom Typus Boženas

Božena vergrub zärtlich ihre Hand mit gespreizten Fingern in sein Haar. »Geh, sei nicht dumm. Da gib mir einen Kuss. Die feinen Menschen sind auch nicht von Zuckerwerk,« und sie bog ihm den Kopf zurück.

Törleß wollte etwas sagen, sich zu einem derben Scherze aufraffen, er fühlte, dass jetzt alles davon abhänge, ein gleichgültiges, beziehungsloses Wort zu sagen, aber er brachte keinen Laut heraus. Er starrte mit einem versteinten Lächeln in das wüste Gesicht über dem seinen, in diese unbestimmten Augen, dann begann die Außenwelt klein zu werden ..., sich immer weiter zurückzuziehen ... Für einen Augenblick tauchte das Bild jenes Bauernburschen auf, der den Stein gehoben hatte, und schien ihn zu höhnen ..., dann war er ganz allein. [...]

Zu Beginn des Romans erscheinen Törleß' Verwirrungen als solche der Pubertät, die sich mit Problemen der Sinnlichkeit und der Moral auseinandersetzt. Im weiteren Verlauf des Textes wird deutlich, dass Törleß noch von ganz anderen Krisen geschüttelt wird.

[...] Nur der Anblick Basinis, seiner nackten, leuchtenden Haut, duftete wie ein Fliederstrauch in das Dämmern der Empfindungen, das dem Schlaf vorausging. Sogar aller moralische Abscheu verlor sich. Schließlich schlief Törleß ein.

Kein Traum zog durch seine Ruhe. Aber eine unendlich angenehme Wärme breitete weiche Teppiche unter seinen Leib. Schließlich wachte er darüber auf. Und beinahe hätte er einen Schrei ausgestoßen. An seinem Bette saß Basini! Und mit rasender Behendigkeit löste dieser im nächsten Augenblick das Hemd von seinem Leibe, schmiegte sich unter die Decke und presste seinen nackten, zitternden Leib an Törleß an.

Kaum hatte sich Törleß in diesem Überfalle zurechtgefunden, als er Basini von sich stieß. »Was fällt dir denn ein...?!«

Doch Basini bettelte. »Oh, sei nicht wieder so! So wie du ist keiner. Sie verachten mich nicht so wie du; sie tun dies nur scheinbar, damit sie dann desto anders sein können. Aber du? Gerade du...?!... Du bist sogar jünger als ich, wenn du auch stärker bist; ... wir sind beide jünger als die anderen; ... du bist nicht so roh und prahlerisch wie sie; ... du bist sanft; ... ich liebe dich...!«

»Was – was sagst du? Was soll ich mit dir? Geh – so geh doch weg!« Und Törleß stemmte gequält seinen Arm gegen Basinis Schulter. Aber die heiße Nähe der weichen, fremden Haut verfolgte ihn und umschloss ihn und erstickte ihn. Und in einem fort flüsterte Basini...: »Doch...doch...bitte...oh, es wäre mir ein Genuss, dir zu dienen.«

Törleß fand keine Antwort. Während Basini sprach, während der Sekunden des Zweifelns und Überlegens, war er wieder wie ein tiefgrünes Meer über seine

Sinne gesunken. Nur Basinis bewegliche Worte leuchteten darinnen auf wie das Blinken silberner Fischchen.

Noch immer hielt er seine Arme gegen Basinis Körper gestemmt. Aber auf ihnen lag es wie eine feuchte, schwere Wärme; ihre Muskeln erschlafften; er vergaß ihrer … Nur wenn ihn ein neues der zuckenden Worte traf, wachte er auf, weil er plötzlich fühlte, - wie etwas schrecklich Unfassbares, – dass eben – wie im Traum – seine Hände Basini näher gezogen hatten.

Dann wollte er sich aufrütteln, sich zu schreien: Basini betrügt dich; er will dich nur zu sich hinabziehen, damit du ihn nicht mehr verachten kannst. Aber der Schrei erstickte; kein Laut lebte in dem weiten Hause; in allen Gängen schienen die dunklen Fluten des Schweigens unbeweglich zu schlafen.

Er wollte zu sich selbst zurückfinden; aber wie schwarze Wächter lagen sie vor allen Toren.

Da suchte Törleß kein Wort mehr. Die Sinnlichkeit, die sich nach und nach aus den einzelnen Augenblicken der Verzweiflung in ihn gestohlen hatte, war jetzt zu ihrer vollen Größe erwacht. Sie lag nackt neben ihm und deckte ihm mit ihrem weichen schwarzen Mantel das Haupt zu. Und sie raunte ihm süße Worte der Resignation ins Ohr und schob mit ihren warmen Fingern alle Fragen und Aufgaben als vergebens weg. Und sie flüsterte: in der Einsamkeit ist alles erlaubt.

Nur in dem Augenblicke, als es ihn fortriss, wachte er sekundenlang auf und klammerte sich verzweifelt an den einen Gedanken: Das bin ich nicht! … nicht ich! … Morgen erst wieder werde ich es sein! … Morgen […]

Er hatte des Öfteren heimliche Zusammenkünfte mit ihm. Er führte ihn in alle Verstecke, die er durch Beineberg kannte, und da er selbst auf solchen Schleichwegen nicht geschickt war, fand sich Basini bald besser zurecht als er und wurde zum Führer.

Des Nachts aber ließ ihn seine Eifersucht, mit der er Beineberg und Reiting bewachte, nicht zur Ruhe kommen.

Die beiden hielten sich jedoch von Basini zurück. Vielleicht langweilte er sie bereits. Jedenfalls schien mit ihnen eine Veränderung vor sich gegangen zu sein. […]

Vor wenigen Wochen noch hätte er einen solchen Zustand überhaupt nicht verstanden, denn schon von den Eltern her war er kräftig, gesund und natürlich. Aber man darf auch wirklich nicht glauben, dass Basini in Törleß ein richtiges und – wenn auch noch so flüchtig und verwirrt – wirkliches Begehren erregte. Es war allerdings etwas wie Leidenschaft in Törleß erwacht, aber Liebe war ganz gewiss nur ein zufälliger, beiläufiger Name dafür, und der Mensch Basini nicht mehr als ein stellvertretendes und vorläufiges Ziel dieses Verlangens. Denn wenn sich Törleß auch mit ihm gemein machte, sein Begehren sättigte sich niemals an ihm, sondern wuchs zu einem neuen, ziellosen Hunger über Basini hinaus.

1 Zwischen Törleß und Basini kommt es zu homosexuellen Kontakten. Welche Funktion nimmt die Beziehung zu Basini in Törleß' Erkenntniskrise ein?

2 Analysieren Sie den Text im Hinblick auf seine sprachliche Gestaltung. Wie beschreibt Musil Verlangen und Hingabe?

Die Verwirrungen – Wahrnehmung und Erkenntnis als Krisenerfahrung

Zu Beginn des Romans erscheinen Törleß' Verwirrungen als solche der Pubertät, die sich mit Problemen der Sinnlichkeit und der Moral auseinandersetzt. Im weiteren Verlauf wird deutlich, dass Törleß noch von ganz anderen Krisen geschüttelt wird.

[…] Er dachte an Beineberg; wie sonderbar doch dieser Mensch war! Seine Worte würden zu einem zerbröckelnden indischen Tempel gehören, in die Gesellschaft unheimlicher Götzenbilder und zauberkundiger Schlangen in tiefen Verstecken; was sollten sie aber am Tage, im Konvikte, im modernen Europa? Und doch schienen diese Worte, nachdem sie sich ewig lange, wie ein Weg ohne Ende und Übersicht in tausend Windungen hingezogen hatten, plötzlich vor einem greifbaren Ziele gestanden zu sein …

Und plötzlich bemerkte er, – und es war ihm, als geschähe dies zum ersten Male, – wie hoch eigentlich der Himmel sei. Es war wie ein Erschrecken. Gerade über ihm leuchtete ein kleines, blaues, unsagbar tiefes Loch zwischen den Wolken.

Ihm war, als müsste man da mit einer langen, langen Leiter hineinsteigen können. Aber je weiter er hineindrang und sich mit den Augen hob, desto tiefer zog sich der blaue, leuchtende Grund zurück. Und es war doch, als müsste man ihn einmal erreichen und mit den Blicken ihn aufhalten können. Dieser Wunsch wurde quälend heftig. Es war, als ob die aufs äußerste gespannte Sehkraft Blicke wie Pfeile zwischen die Wolken hineinschleuderte und als ob sie, je weiter sie auch zielte, immer um ein weniges zu kurz träfe.

Darüber dachte nun Törleß nach; er bemühte sich möglichst ruhig uns vernünftig zu bleiben. »Freilich gibt es kein Ende«, sagte er sich, »es geht immer weiter, fortwährend weiter, ins Unendliche.« Er hielt die Augen auf den Himmel gerichtet und sagte sich dies vor, als gälte es die Kraft einer Beschwörungsformel zu erproben. Aber erfolglos; die Worte sagten nichts, oder vielmehr sie sagten etwas ganz anderes, so als ob sie zwar von dem gleichen Gegenstande, aber von einer anderen, fremden, gleichgültigen Seite desselben reden.

»Das Unendliche!« Törleß kannte das Wort aus dem Mathematikunterricht. Er hatte sich nie etwas Besonderes darunter vorgestellt. Es kehrte immer wieder; irgendjemand hatte es einst erfunden, und seither war es möglich, so sicher damit zu rechnen wie n mit irgend etwas Festem. Es war, was es gerade in der Rechnung galt; darüber hinaus hatte Törleß nie etwas gesucht.

Und nun durchzuckte es ihn wie mit eine Schlage, dass an diesem Worte etwas furchtbar Beunruhigendes hafte. Es kam ihm vor wie ein gezähmter Begriff, mit dem er täglich seine kleinen Kunststückchen gemacht hatte und der nun plötzlich entfesselt worden war. Etwas über den Verstand Gehendes, Wildes, Vernichtendes schien durch die Arbeit irgendwelcher Erfinder hineingeschläfert worden zu sein und war nun plötzlich aufgewacht und wieder furchtbar geworden. Da, in diesem Himmel, stand es nun lebendig über ihm und drohte und höhnte.

Endlich schloss er die Augen, weil ihn dieser Anblick so sehr quälte. […]

1 Analysieren Sie die Textstelle. Achten Sie dabei besonders auf die sprachliche Dimension des Textausschnitts: Mit welchen sprachlichen Mitteln beschreibt Robert Musil die Wirkung der Unendlichkeits-Erfahrung auf Törleß?

2 Vergleichen Sie Ihre Ergebnisse mit der Textstelle S. 102–105. Inwiefern gibt es Parallelen zwischen der Erfahrung des Unendlichen und den imaginären Zahlen? Suchen Sie weitere Textstellen im Roman, die auf ähnliche Erfahrungen des jungen Törleß Bezug nehmen.

Unterschiedliche Perspektiven herausarbeiten

1 Törleß erfährt, dass die Dinge in seiner Welt, die er wahrnimmt, plötzlich anders und unsicher erscheinen, dass sie nicht so sind, wie er sie bislang – geleitet von seinem verstandesmäßig-logischen Denken – wahrgenommen hat. Gehen Sie in Partnerarbeit den Roman durch und füllen Sie dabei die folgende Tabelle aus, indem Sie in die erste Spalte Ereignisse und Situationen des Textes eintragen und dann in die zweite und dritte Spalte Zitate oder Beschreibungen einsetzen, wie das jeweilige Ereignis von Törleß in zwei Perspektiven wahrgenommen wird.

Ereignis	kausal-logische Perspektive	sinnliche Perspektive
1. Gang durch das Dorf nach der Ankunft	Leben der armen Landbevölkerung, Poussieren der Zöglinge	tierische Sinnlichkeit, »wie mit Krallen«, ungeheuerliche Körperlichkeit der »Weiber«
2.		

Poetische Gestaltung

1 Immer wieder wird im Roman erzählt, wie Törleß angesichts seiner Erfahrungen mit dem Unendlichen oder mit den imaginären Zahlen »die Worte fehlen«. Vergleichen Sie die nebenstehenden Textauszüge. Achten Sie bei Ihrem Vergleich nicht nur darauf, wie sich die Sprachkrise äußert, sondern beantworten Sie auch die Frage nach den genauen Ursachen für das Versagen der Worte (ziehen Sie eventuell auch weitere Textstellen aus dem Roman hinzu, die Sie bereits behandelt haben).

2 Beschreiben Sie die dichtersprachliche Gestaltung der Sprachkrise. Wie erklären Sie sich dieses Paradoxon: Das Versagen der Sprache wird in einer kunstvoll-ästhetischen Sprache beschrieben?

3 Erinnern Sie sich an ein Ereignis, bei dem Ihnen auch »die Worte fehlten«? Versuchen Sie, dieses aufzuschreiben (Sie können sich natürlich auch eine Situation ausdenken).

Hugo von Hofmannsthal

Ein Brief 1902

Dies ist der Brief, den Philipp Lord Chandos, jüngerer Sohn des Earl of Bath, an Francis Bacon, später Lord Verulam und Viscount St. Albans, schrieb, um sich bei diesem Freund wegen des gänzlichen Verzichts auf literarische Bestätigung zu entschuldigen. […]

Um mich kurz zu fassen: Mir erschien damals in einer Art von andauernder Trunkenheit das ganze Dasein als eine große Einheit: Geistige und körperliche Welt schien mir keinen Gegensatz zu bilden, ebenso wenig höfisches und tierisches Wesen, Kunst und Unkunst, Einsamkeit und Gesellschaft; in allem fühlte ich die Natur […]

Mein Fall ist, in Kürze, dieser: Es ist mir völlig die Fähigkeit abhanden gekommen, über irgendetwas zusammenhängend zu denken oder zu sprechen. Zuerst wurde es mir allmählich unmöglich, ein höheres oder allgemeineres Thema zu besprechen und dabei jene Worte in den Mund zu nehmen, deren sich doch alle Menschen ohne Bedenken geläufig zu bedienen pflegen. Ich empfand ein unerklärliches Unbehagen, die Worte »Geist«, »Seele« oder »Körper« nur auszusprechen. Ich fand es innerlich unmöglich, […] ein Urteil herauszubringen. Und dies nicht etwa aus Rücksichten irgendwelcher Art […]: sondern die abstrakten Worte, deren sich doch die Zunge naturgemäß bedienen muss, um irgendwelches Urteil an den Tag zu geben, zerfielen mir im Munde wie modrige Pilze. […]

Lord Chandos Dieser fiktive »Brief« ist auch bekannt als »Chandos-Brief«.

Maurice Maeterlinck

Der Schatz der Armen 1902

Sobald wir etwas aussprechen, entwerten wir es seltsam. Wir glauben in die Tiefe der Abgründe hinabgetaucht zu sein, und wenn wir wieder an die Oberfläche kommen, gleicht der Wassertropfen an unseren bleichen Fingerspitzen nicht mehr dem Meere, dem er entstammt. Wir wähnen eine Schatzgrube wunderbarer Schätze entdeckt zu haben, und wenn wir wieder ans Tageslicht kommen, haben wir nur falsche Steine und Glasscherben mitgebracht; und trotzdem schimmert der Schatz im Finstern unverändert.

Die Erzählweise Robert Musils

Musils 1906 erschienener Romanerstling steht an der Schwelle zur Etablierung neuer Erzählweisen in der deutschsprachigen Literatur. Musil erzählt psychologisierend, also mit Interesse für die geistig-seelischen Vorgänge seines Protagonisten Törleß.

1 Schauen Sie sich noch einmal den ersten Abschnitt des Romans an und versuchen Sie, Musils Erzählhaltung zu beschreiben. Ist diese auktorial oder personal? Belegen Sie Ihre Vermutungen an Textstellen. Füllen Sie zu diesem Zweck die folgende Tabelle aus:

Seite/Zeile	Textbeleg (Zitat)	Erzählhaltung
1.		
2.		
3.		

Schreiben in Bildern

1 Die folgende Textstelle beschreibt Törleß' Gedanken und Gefühle anlässlich einer Erinnerung an das Erleben von Musik; er ist bemüht, seine Empfindungen niederzuschreiben, um sich über seine geistigen Verwirrungen Klarheit zu verschaffen. Dabei gerät er in einen Zustand rauschhafter Ekstase. Beschreiben Sie, wie Musil diesen Zustand in Worte fasst. Achten Sie wieder auf die Erzählweise, aber berücksichtigen Sie vor allem auch sprachliche Mittel.

Ein Gedanke presste Törleß am ganzen Körper zusammen. Sind auch die Erwachsenen so? Ist die Welt so? Ist es ein allgemeines Gesetz, dass etwas in uns ist, das stärker, größer, schöner, leidenschaftlicher, dunkler ist als wir? Worüber wir so wenig Macht haben, dass wir nur ziellos tausend Samenkörner streuen können, bis aus einem plötzlich eine Saat wie eine dunkle Flamme schießt, die weit über uns hinauswächst? ... Und in jedem Nerv seines Körpers bebte ein ungeduldiges Ja als Antwort.

Törleß sah mit glänzenden Augen um sich. Noch immer waren die Lampen, die Wärme, das Licht, die emsigen Menschen da. Aber er kam sich unter all dem wie ein Auserwählter vor. Wie ein Heiliger, der himmlische Gesichte hat; – denn von der Intuition großer Künstler wusste er nichts.

Hastig, mit der Geschwindigkeit der Angst, griff er nach der Feder und notierte sich einige Zeilen über seine Entdeckung; noch einmal schien es in seinem Innern weithin wie ein Licht zu sprühen, ----- dann brach ein aschgrauer Regen über seine Augen, und der bunte Glanz in seinem Geiste erlosch. ----

Hugo von Hofmannsthal

Bildlicher Ausdruck 1897

Hugo von Hofmannsthal (1874–1929)

Man hört nicht selten die Rede: ein Dichtwerk sei mit bildlichem Ausdruck geziert, reich an Bildern. Dies muss eine falsche Anschauung hervorrufen, als seien die Bilder – Metaphern – etwas allenfalls Entbehrliches, dem eigentlichen Stoff, aus welchem Gedichtetes besteht, äußerlich Aufgeheftetes. Vielmehr aber ist der uneigentliche, der bildliche Ausdruck Kern und Wesen aller Poesie: jede Dichtung ist durch und durch ein Gebilde aus uneigentlichen Ausdrücken.

Die »Handlungen«, »Gestalten« sind nichts anderes, wofern man das Wort nur recht versteht: Gleichnisse, aus vielen Gleichnissen zusammengesetzt. Mit der Sprache ist es nicht anders, nur sind es unter den Redenden die Dichter allein, die sich des Gleichnishaften der Sprache unaufhörlich bewusst bleiben.

Was der Dichter in seinen unaufhörlichen Gleichnissen sagt, das lässt sich niemals auf irgendeine andere Weise (ohne Gleichnisse) sagen: nur das Leben vermag das gleiche auszudrücken, aber in seinem Stoff, wortlos.

Die Leute suchen gern hinter einem Gedicht, was sie den »eigentlichen Sinn« nennen. Sie sind wie die Affen, die auch immer mit den Händen hinter einen Spiegel fahren, als müsse *dort* ein Körper zu fassen sein.

Symbolisches Element	Deutung
Bahnhof	
Konvikt	
Dachkammer	
Licht und Dunkel	
Immanuel Kant und die »Kritik der reinen Vernunft«	

1 Analysieren Sie Hofmannsthals Text.

2 Setzen Sie Hofmannsthals Aussagen in ein Verhältnis zu Musils Erzählweise im Törleß-Roman. Inwiefern spielt der bildliche Ausdruck dort ebenfalls eine zentrale Rolle?

3 Suchen Sie im Roman nach weiteren Beispielen für bildlichen Ausdruck (Metaphern, Vergleiche, Personifikationen …).

4 Musils Roman enthält neben den genannten Beispielen zur Metaphorik auch einige symbolische Motive. Übertragen Sie die nebenstehende Tabelle, die diese Motive auflistet, in Ihr Heft. Notieren Sie stichwortartig mögliche Deutungen.

In seinem monumentalen Hauptwerk »Der Mann ohne Eigenschaften« (1930–1952), das unvollendet geblieben ist, entwirft Musil einen »anderen« Zustand, der im »Törleß« in vielen Zügen vorweggenommen ist. Diesen Zustand hat Musil in seinem Essay »Ansätze zu neuer Ästhetik« (1925) beschrieben.

Robert Musil

Ansätze zu neuer Ästhetik 1925

Robert Musil um 1921

[...] es scheint aber, dass sich durch die ganze Geschichte der Menschheit eine Zweiteilung zieht, in zwei Geisteszustände, die einander zwar mannigfach beeinflusst haben und Kompromisse eingegangen sind, sich jedoch nie recht gemischt haben. Den einen der beiden kennt man als den Normalzustand unserer Beziehungen zu Welt, Menschen und eigenem Ich. Wir haben uns – wenn man ihn gleich mit Rücksicht auf den andren beschreibt – durch die Schärfe unseres Geistes zu dem entwickelt, was wir sind, Herren einer Erde, auf der wir ursprünglich ein Nichts zwischen Ungeheurem waren; Aktivität, Tapferkeit, List, Falschheit, Ruhelosigkeit, Böses, Jägerhaftigkeit, Kriegslust und dergleichen sind die moralischen Eigenschaften, denen wir diesen Aufstieg verdanken. [...] Das Messen, Rechnen, Spüren, das positive, kausale, mechanische Denken, das an Menschen unserer Tage so oft beklagt wird, ist der gleiche Ausdruck urverwurzelten Misstrauens und Daseinskampfes wie die herrschende Rolle des Geldes [...]

Diesem Geisteszustand steht jedoch ein anderer gegenüber, der historisch nicht minder nachweisbar ist, wenn er sich auch unserer Geschichte weniger stark aufgeprägt hat; er ist mit vielen Namen bezeichnet worden, die alle eine unklare Übereinstimmung tragen. Man hat ihn den Zustand der Liebe genannt, der Güte, der Weltabgekehrtheit, der Kontemplation, des Schauens, der Annäherung an Gott, der Entrückung, der Willenlosigkeit, der Einkehr und vieler andrer Seiten eines Grunderlebnisses, das in Religion, Mystik und Ethik aller historischen Völker ebenso übereinstimmend wiederkehrt wie es merkwürdig entwicklungslos geblieben ist. [...] Man muss es sich [...] heute versagen, mehr über Bedeutung und Wesen dieses anderen Zustands sagen zu wollen, denn unser Wissen von ihm war bis vor Kurzem noch so, wie unser übriges Weltwissen ungefähr im zehnten Jahrhundert war; hebt man aber aus den reinen Beschreibungen in seiner jahrtausendealten Literatur einige übereinstimmende Hauptkennzeichen heraus, so findet man immer wieder das Dastehn einer anderen Welt, wie ein fester Meeresboden, vor dem die unruhigen Fluten der gewöhnlichen zurückgetreten sind, und im Bilde dieser Welt gibt es weder Maß noch Genauigkeit, weder Zweck noch Ursache, gut und böse fallen einfach weg [...] und an Stelle aller dieser Beziehungen tritt ein geheimnisvoll schwellendes und ebbendes Zusammenfließen unseres Wesens mit dem der Dinge und anderen Menschen.

1 Analysieren Sie den Auszug aus Musils Essay. Was genau ist der »andere Zustand«?

2 Fallen Ihnen weitere Beispiele für das Erleben des »anderen Zustands« ein? Hatten Sie schon einmal ein solches Erlebnis?

3 Wo sehen Sie Parallelen zum Erleben des jungen Törleß? Belegen Sie Ihre Aussagen am Roman.

Der untenstehende Textauszug ist aus dem Kapitel »Atemzüge eines Sommertages« im »Mann ohne Eigenschaften«. Hier schildert Musil den »anderen Zustand« in vollendeter Form. Die Zwillingsgeschwister Ulrich und Agathe sitzen in der beschriebenen Situation im Garten ihres Hauses. Musil starb sehr plötzlich während der Arbeit an diesem Kapitel im Jahr 1942.

Robert Musil

Atemzüge eines Sommertags 1942

Die Sonne war unterdessen höhergestiegen; die Stühle hatten sie wie gestrandete Boote in dem flachen Schatten beim Haus zurückgelassen, und lagen auf einer Wiese im Garten unter der vollen Tiefe des Sommertags. Sie taten es schon eine ganze Weile, und obgleich die Umstände gewechselt hatten, kam es ihnen kaum als Veränderung zu Bewusstsein. Ja eigentlich tat dies auch nicht der Stillstand des Gesprächs; es war hängen geblieben, ohne einen Riss verspüren zu lassen.

Ein geräuschloser Strom glanzloser Blütenschnees schwebte, von einer abgeblühten Baumgruppe kommend, durch den Sonnenschein; und der Atem, der, ihn trug, war so sanft, dass sich kein Blatt regte. Kein Schatten fiel davon auf das Grün des Rasens, aber dieses schien sich von innen zu verdunkeln wie ein Auge. Die zärtlich und verschwenderisch vom jungen Sommer belaubten Bäume und Sträucher, die beiseite standen oder den Hintergrund bildeten, machten den Eindruck von fassungslosen Zuschauern, die, in ihrer fröhlichen Tracht überrascht und gebannt, an diesem Begräbniszug und Naturfest teilnahmen. Frühling und Herbst, Sprache und Schweigen der Natur, auch Lebens- und Todeszauber mischten sich in dem Bild; die Herzen schienen stillzustehen, aus der Brust genommen zu sein, sich dem schweigenden Zug durch die Luft anzuschließen. »Da ward mir das Herz aus der Brust genommen«, hat ein Mystiker gesagt : Agathe erinnerte sich dessen.

Auch wusste sie, dass sie selbst diesen Ausspruch Ulrich aus einem seiner Bücher vorgelesen hatte.

Hier in dem Garten, nicht weit von dem Platze, wo sie sich jetzt befanden, war das geschehen. Die Erinnerung wurde vollständiger. Auch andere Aussprüche, die sie ihm ins Gedächtnis gerufen hatte, fielen ihr ein: »Bist du es, oder bist du es nicht? Ich weiß nicht, wo ich bin; noch will ich davon wissen!« »Ich habe alle meine Vermögen überstiegen, bis an die dunkle Kraft! Ich bin verliebt, und weiß nicht in wen! Ich habe das Herz von Liebe voll, und von Liebe leer zugleich!« Also klang in ihr die Klage der Mystiker wieder, in deren Herz Gott so tief eingedrungen ist wie ein Dorn, den keine Fingerspitzen fassen können. Viele solche selige Klagen hatte sie Ulrich damals vorgelesen. Vielleicht war die Wiedergabe jetzt nicht genau, das Gedächtnis verfährt etwas befehlshaberisch mit dem, was es zu hören wünscht; aber sie begriff was gemeint war, und fasste einen Entschluss.

1 Welche Elemente finden Sie bei der Beschreibung des »anderen Zustands« aus dem »Mann ohne Eigenschaften«, die bisher nicht erwähnt worden sind?

2 Musil konzipierte den »anderen Zustand« als eine Utopie, ein Ideal des Menschseins also. Worin sehen Sie die Probleme, wenn ein Mensch versucht, gemäß dem Ideal des »anderen Zustands« zu leben?

Robert Musil, 1940

Wie in diesem Augenblick des Blütenzugs hatte der Garten also schon einmal geheimnisvoll verlassen und belebt ausgesehen; und zwar gerade in der Stunde, nachdem ihr die mystischen Bekenntnisse in die Hand gefallen waren, die Ulrich unter seinen Büchern besaß. Die Zeit stand still, ein Jahrtausend wog so leicht wie ein Öffnen und Schließen des Auges, sie war ans Tausendjährige Reich gelangt, Gott gar gab sich vielleicht zu fühlen. Und während sie, obwohl es doch die Zeit nicht mehr geben sollte, eins *nach* dem andern das empfand; und während ihr Bruder, damit sie bei diesem Traum nicht Angst leide, *neben* ihr war, obwohl es auch keinen Raum mehr zu geben schien: schien die Welt, unerachtet dieser Widersprüche, in allen Stücken erfüllt von Verklärung zu sein.

Das Kino der Frühzeit

Jüngere Deutungen zum Törleß-Roman gehen davon aus, dass das frühe Kino und die frühe Filmtheorie erheblichen Einfluss auf Musils Schreiben hatten. Mehrmals taucht im Roman der Vergleich von Törleß' dualistischer Wirklichkeitswahrnehmung mit dem Kino auf. Musil selbst war regelmäßiger und begeisterter Kinogänger, wie so viele Intellektuelle des frühen 20. Jahrhunderts es waren. Seine Tagebuchaufzeichnungen erwähnen fast tägliche Kinobesuche, so z. B. faszinierten ihn die Chaplin-Filme. Seine Theorie des »anderen Zustands« entwickelte Musil in direkter Auseinandersetzung mit der damals bekannten Filmtheorie des ungarischen Wissenschaftlers Béla Balázs (s. S. 49). Den Filmbildern spricht Musil größere Eindringlichkeit zu als dem Theater. Im Nachlass findet sich die Wendung von der »Überlegenheit des Kinos«.

Charlie Chaplin in ...

»City Lights« und

»Moderne Zeiten«

Robert Musil

Ansätze zu einer neuen Ästhetik 1925

Ein merkwürdiges Beispiel liefert ein zum Film gehörendes Grunderlebnis, jenes in Balázs' Buch beschriebene ungewohnte Leben, welches die Dinge in der optischen Einsamkeit gewinnen. »In der Welt des sprechenden Menschen sind die stummen Dinge viel lebloser und unbedeutender als der Mensch. Sie bekommen nur ein Leben zweiten und dritten Grades und das auch nur in den seltenen Momenten besonders hellsichtiger Empfindlichkeit der Menschen, die sie betrachten ... In der gemeinsamen Stummheit werden sie mit dem Menschen fast homogen und gewinnen dadurch an Lebendigkeit und Bedeutung. Das ist das Rätsel jener besonderen Filmatmosphäre, die jenseits jeder literarischen Möglichkeit liegt.« Man könnte versucht sein, darin nur einen Aufmerksamkeitsakzent beschrieben zu sehn, aber der folgende Zusatz kehrt die Meinung ganz unzweideutig heraus: »Voraussetzung dafür ist, dass das Bild jedes Gegenstands eigentlich einen inneren Zustand bedeutet«, dass «alle Dinge im Film eine symbolische Bedeutung haben ... Man könnte einfach Bedeutung sagen. Denn symbolisch heißt ja so viel wie Bedeutung haben, über seinen eigenen Sinn hinaus noch einen weiteren Sinn meinen. Das Entscheidende dabei für den Film ist, dass alle Dinge, ohne Ausnahme, notwendigerweise symbolisch sind. Denn alle Dinge machen auf uns, ob es uns bewusst wird oder nicht, einen physiognomischen Eindruck. Wie Zeit und Raum aus unserer Erfahrungswelt niemals auszuschalten sind, so haftet das Physiognomische jeder Erscheinung an. Es ist eine notwendige Kategorie unserer Wahrnehmung«.

Was ist dieser »physiognomische Eindruck«, dieses »symbolische Gesicht« der Dinge?

Zunächst ist es gewiss etwas, das sich im Umfang der normalen Psychologie erklären lässt; irgendein Gefühlston, der mit den Vorgängen zusammenhängt, die als Abstraktion und Abspaltung erwähnt worden sind. Indes sind psychologische Zusammenhänge fast immer so verflochten, dass ein Ganzes zwar durch seine Einzelheiten bestimmt wird, die Einzelheiten aber auch durch das Ganze; deshalb, wenn Eindrücke überwertig und befremdlich werden, sobald sie sich aus ihrer gewohnten Umrahmung lösen, deutet es die Vermutung eines andren, apokryphen Zusammenhangs an, in den sie eintreten. In diesem Fall wäre es gewissermaßen eine nachgiebige Stelle in unserem, mit dem Anschein unerschütterlicher Festigkeit sich umgebenden Weltbild, denn was zitiert worden ist, erinnert sehr an jene Veränderung unseres Bewusstseins, dem Novalis und seine Freunde ihre großen und wundersamen Erlebnisse verdankt haben.

apokryph verborgen, unecht

1 Was ist nach Musil das Besondere am Stummfilm? Was kann der Stummfilm beim Zuschauer bewirken?

2 Vergleichen Sie mit den Erlebnissen des jungen Törleß. Wo liegen Gemeinsamkeiten zwischen dem Aufbrechen der Wirklichkeit bei Törleß und der Filmerfahrung?

3 Erläutern Sie den Vergleich mit dem Kinematographen aus dem »Törleß«-Roman (auf der nächsten Seite) und nehmen Sie Bezug auf den Text (auf dieser Seite).

Robert Musil

Die Verwirrungen des Zöglings Törleß

Nie »sah« er Basini irgendwie in körperlicher Plastik und Lebendigkeit irgendeiner Pose, nie hatte er eine wirkliche Vision: immer nur die Illusion einer solchen, gewissermaßen nur die Vision seiner Visionen. Denn immer war es in ihm, als sei soeben ein Bild über die geheimnisvolle Fläche gehuscht, und nie gelang es ihm im Augenblicke des Vorganges selbst, diesen zu erhaschen. Daher war beständig eine rastlose Unruhe in ihm, wie man sie vor einem Kinematografen empfindet, wenn man neben der Illusion des Ganzen doch eine vage Wahrnehmung nicht loswerden kann, dass hinter dem Bilde, das man empfängt, Hunderte von – für sich betrachtet ganz anderen – Bildern vorbeihuschen.

Wo aber in ihm diese illusionierende – und doch stets um ein unmessbar Kleines zu wenig illusionierende – Kraft eigentlich zu suchen sei, wusste er nicht. Er ahnte nur dunkel, dass sie mit jener rätselhaften Eigenschaft seiner Seele zusammenhänge, auch von den leblosen Dingen, den bloßen Gegenständen, mitunter wie von hundert schweigenden, fragenden Augen überfallen zu werden.

1 Verteilen sie Referate zur Buchvorstellung in Ihrem Kurs. Wählen Sie aus den nebenstehenden Beispielen aus. Jede Buchvorstellung sollte in aller Kürze über den Inhalt und einen wirklich kurz gehaltenen Deutungsansatz informieren.

2 Vergleichen Sie mit Musils Törleß-Roman. Erkennen Sie Unterschiede in der literarischen Qualität, im Anspruch des Autors, über eine erzählte Geschichte hinaus Erkenntnisse bereitzustellen, in der Sprache der jeweiligen Erzählungen?

Das Genre: Schülerromane um 1900 und um 2000

INFO Schülerroman

Um die Jahrhundertwende herum wird die Schule als Bildspender für die Erzählung neu entdeckt. Zwar hat die Schule auch schon im Verlauf des 19. und sogar im 18. Jahrhundert in Erzählungen eine Rolle gespielt (z. B. *Karl Philipp Moritz: Anton Reiser* (1785–1794); *Gottfried Keller: Der grüne Heinrich* (1. Fassung 1845, 2. Fassung 1879), jedoch kann man um 1900 herum einen »Boom« der Schulerzählung konstatieren. Einer der Gründe ist sicherlich die Veränderung der Schulstrukturen und die Bedeutung der humanistischen Erziehung für das Bürgertum in einem sich Reformen verschließenden Gymnasium. Die Schule als in sich geschlossener Mikrokosmos zeigt in den Erzählungen und Romanen die repressive Struktur der sie umgebenden Gesellschaft entlarvend auf. In nahezu jedem Text ist die Schule der Ort der Zurichtung und Unterdrückung des Einzelnen. Um 1900 stieg die Zahl der Schülerselbstmorde sprunghaft an – viele erzählende Texte dokumentieren dies. Beispiele: *Hermann Hesse: Unterm Rad; Franz Werfel: Abituriententag; Friedrich Torberg: Der Schüler Gerber; Heinrich Mann: Professor Unrat; Thomas Mann: (Schulepisode Hannos) in den »Buddenbrooks«; Arno Holz: Der erste Schultag; Rainer Maria Rilke: Die Turnstunde; Ernst Jünger: Die Zwille.*

Auch die zeitgenössische Literatur um 2000 enthält wieder Schülerromane. Wie um 1900 dient die Schule als Bildspender, um die gesellschaftliche Krise zu beschreiben, zu deuten und zu erklären. Die vorrangigen Themen sind nun Gewalt, Unterdrückung und die Brutalisierung und emotionale Kälte der Jugend als Ausdruck einer zunehmenden Verrohung der Gesellschaft.

Beispiele: *Norbert Niemann: Schule der Gewalt* (2001) und *Juli Zeh: Spieltrieb* (2004). Juli Zeh knüpft in ihrem ambitionierten und hoch gelobten Roman direkt an Musil an – in dem von ihr beschriebenen Deutsch-LK lesen die Schüler Musil. In beiden Romanen geht es um die Erpressung und seelische Folter von Deutschlehrern durch Gymnasiasten, die nur ihren »Spieltrieb« befriedigen wollen, also sehen wollen, wie weit ihre Macht reicht.

Die Kinder- und Jugendliteratur weist vor allem zwei Erzählungen auf, die angesichts ihres literarischen Niveaus durchaus auch von Erwachsenen gelesen werden können: *Kirsten Boie: Nicht Chicago. Nicht hier* (1999) und *Morton Rhue: Ich knall euch ab* (am. 2002, dt. 2004). Kirsten Boies Thema ist ähnlich wie in den anderen beiden Romanen die seelische Qual eines erpressten Jungen, Morton Rhue schreibt über ein Attentat wie das von Littleton, Colorado. Die wachsende Zahl von Attentaten und Gewaltausbrüchen auch an deutschen Schulen wird in beiden Texten verarbeitet.

1 Nehmen Sie sich auch dieser vier Texte unten an und bereiten Sie Buchvorstellungen vor.

2 Vergleichen Sie mit der Schulliteratur um 1900: Was hat sich verändert? Wer sind die Täter, wer die Opfer? Worin sehen die Autoren den Grund für die sich in den Schulen äußernde Verrohung und die fehlende Moral? Sind die Romane eher optimistisch oder pessimistisch?

3 Diskutieren Sie die derzeitige Situation an Ihrer Schule und an Ihnen bekannten Schulen. Stimmen die Diagnosen der Literatur? Geht es um die Jugend oder die gesamtgesellschaftliche Lage?

4 Das Thema ist hoch aktuell. Wenn Sie meinen, Ihre Informationen könnten auch für andere interessant sein: Bereiten Sie eine Ausstellung vor, die anhand von literarischen Texten über Schule, Gewalt und Gesellschaft um 1900 und um 2000 informiert.

Rezensionen

Sie finden auf den folgenden Seiten drei zeitgenössische Rezensionen zu Musils Roman. Die erste von Alfred Kerr war für Musil und den Erfolg des »Törleß« ungeheuer wichtig; in Kerr fand Musil einen langjährigen Förderer seines Werks. Die polemische Rezension von Schaffner wurde vielerorts kritisiert; Hiller verteidigte Musils Roman vor den Anfeindungen Schaffners.

Robert Musil ist in Südösterreich geboren, fünfundzwanzig Jahr alt, und hat ein Buch geschrieben, das bleiben wird. Er nennt es: *Die Verwirrungen des Zöglings Törleß*. Der Wiener Verlag bringt es heraus.

In diesem jungen und wohl bald verrufenen, verzeterten, bespienen Werk, das auf den Index ornatloser Pfaffen gesetzt wird, wenn ein halbes Dutzend Menschen es nur erst gelesen hat, sind Meisterstrecken. Das Starke seines Wertes liegt in der ruhigen, verinnerlichten Gestaltung abseitiger Dinge dieses Lebens, – die eben doch in diesem Leben sind. Die unser Hexenprozessverfahren heute straft. »Nachtseiten« sagt der Feuilletonist; also Nachtseiten. Für jeden sind sie nicht vorhanden: insofern sein Leib oder die Konjunktur seines Schicksals es mit sich brachten, dass er in keine dieser Nebenwelten je geriet; aber vorhanden sind sie.

Und als Episoden im Gesamtschauspiel der Menschenexistenz haben sie dargestellt zu werden ein Recht, das Kinder oder Kaffern durch Stimmkraft und Faustgewalt nicht ernsthaft erschüttern können. Mögen sie beim Lesen des Buches umfallen (ich höre bereits ihr Gemecker), – es zeigt neue Stufungen im Seelischen. Was ihr da erblickt, sind dämmernde Zwischengrade: vom Aug' eines Unterscheiders umrissen, mit den Nerven eines Beteiligten empfunden, in der Handschrift eines Dichters nacherzählt. Ich erinnere mich des Friedrich Schlegelschen Satzes: »Wenn man einmal aus Psychologie Romane schreibt oder liest, so ist es sehr inkonsequent und klein, auch die langsamste und ausführlichste Zergliederung unnatürlicher Lüste, grässlicher Marter, empörender Infamie … scheuen zu wollen.« Hundert Jahre vergingen, seit er das schrieb. Indessen war Dostojewski da … Aber ihr werdet trotzdem zetern, meckern und schäumen. […]
Alfred Kerr, 1906

Hier ist ein Beispiel dafür, was sich mit der deutschen Sprache alles sagen lässt. Es gibt noch genug Romanisten und Französlinge, die sich in der Meinung gefallen, nur die romanischen Sprachen eigneten sich für die Darstellung diskreter und delikater menschlicher Zustände. Sie wissen nicht, wie sehr sich die deutsche Sprache in den letzten zwanzig Jahren verfeinert und differenziert hat; sie kümmern sich auch nicht darum; sie sind einmal auf die romanische Sprachkultur eingeschworen. Musil stellt mit erwählten und zugleich einfachen Sprachmitteln Vorgänge und Verirrungen, Verwirrungen des jungen Mannes im Pubertäts-Zwickel dar. Es ist sein Verdienst und sein Wissen, nicht allein beim sexuellen Moment stehen zu bleiben, sondern gerade davon aus und weiter zu gehen zu jenen mystischen, halbirren und hysterischen Schwingungen, in die die Erschütterungen der physischen Revolution die junge männliche Psyche versetzen. Man hat es hier mit einem Schriftsteller von außerordentlichen Qualitäten zu tun, aber die Qualitäten sind nach innen gezüchtet. Darstellung ist Veräußerlichung eines Innerlichen. Die moderne Kunst ist groß darin, diesen Fundamentalsatz zu vergessen oder zu übersehen, Man meint: mit Glühbirne ein Niere auszuleuchten, das mache ein Kunstwerk. Ein Psychiater kann ein sehr verdienstlicher Mann sein, aber damit ist er noch lang kein Künstler. Der Physiolog erkennt an den leisen Eigenbewegungen und Drehungen der Sonde die Beschaffenheit einer internen Lokalität; ist sie damit dargestellt? Es geht nicht anders: entweder muss man sich zur wissenschaftlichen oder man muss sich zur künstlerischen Darstellung entschließen. Es ist kein Leser verpflichtet, sich gefallen zu lassen, dass ein poetischer Bericht durch kapitellange abstrakte Psychoanalysen unterbrochen wird, die auch wieder imaginär sind und keine Sicherheit geben. Musil mag sich zwischen diesen Gedanken-Gespensterwesen trefflich auskennen; aber es ist ein Fehler, zu denken, dass nun der außenstehende Leser auch Bescheid wissen soll. Komplizierte psychische Situationen sind gut, jedoch sie müssen vor Augen gestellt werden, sonst kommt der Autor am Ende doch um sein Verdienst. Das hat Ibsen auf dem dramatischen Gebiet alles vorgemacht. Nachher verschanzt sich so ein Schriftsteller hinter die Verachtung: das Publikum ist auch gar zu stupid.

Es ist nach Goethe einem Deutschen nicht mehr erlaubt, sich in das Sehnsüchtig-Mystische zu verspinnen. Wenn Musil überhaupt nicht darstellen könnte, so möchte man ihn seiner inzüchtigen Kopf-Brunst überlassen. Aber es sind da gewisse Kapitel von solcher Anschaulichkeit und Direktheit, dass sie den leersten Kopf voll machen können. Diese moderne, pseudomoderne Winkelsucht erinnert sehr an gewisse Stimmungen der Masturbation; im Grunde ist die Energie mittelalterlich und die Methode sophistisch. Denn nach wie vor: nichts Gewisses weiß man nicht. Auch das Beste, was Musil gibt, sind dunkle Bilder für dunkle Zustände, poetische Verwirrungen für psychische. Der Mann zieht das Unklare in seine Klarheit herauf. Musil steigt mit seiner ganzen Mannheit in die unmaßgebliche Frage der Sechzehnjährigen hinab. Zu viel Ehre für eine Episode. Die gebildeten Mütter werden nun meinen, sie wissen etwas.« *Jakob Schaffner, 1911*

Da naht Herr Jakob Schaffner, von Basel, und richtet [...] an Robert Musil, ja gar an Heinrich Mann mild-giftig verwarnende Worte eines Großonkels. An ihrer Zerebralität nimmt er Ärgernis. »Es geht nicht anders«, bedauerte er, »entweder muss man sich zur wissenschaftlichen oder man muss sich zur künstlerischen Darstellung entschließen«; als ob jemand, der das Besondere neuer, geistiger, städtischer, junger Menschenart: die Seelenseite des Problembeschnüffelns, den Gefühlston der Reflexion, das Denken als Erlebnis, gestaltet (etwa wie Musil im Törleß das Kant-Erlebnis), darum die Probleme lösen, die Denkinhalte sachlich erledigen wollte; als ob ein Künstler »wissenschaftlich« verführe, wenn er verzwicktere Vorgänge (also die neueren, reizenderen, wichtigeren) statt durch sentimentalen Schmus durch scharfe Analytik bewältigt.« *Kurt Hiller, 1913*

Zerebralität hier: Intellektualität

Rezensionen miteinander vergleichen

1 Vergleichen Sie die Rezensionen, indem Sie in die folgende Tabelle entlang der vorgegebenen Oberthemen in Stichpunkten eintragen, was der jeweilige Rezensent zum jeweiligen Thema schreibt:

	Kerr	**Schaffner**	**Hiller**
Person Musils			
Musil als Autor			
Psychologie			
Pubertät/ Jugend			
Sexualität			
sprachliche Gestaltung/Stil			
literarische Qualität			

2 Bewerten Sie die Rezensionen. Achten Sie dabei auch auf die Stringenz und Logik der Argumente der Rezensenten.

3 Schreiben Sie eine eigene Rezension für ein Publikum Ihres Alters.

Gesamtdeutungen aus der Literaturwissenschaft

Musil schreibt, ohne es zu wissen, die Vorgeschichte der Diktaturen des 20. Jahrhunderts. Er durchleuchtet die psychologischen Spannungen und sexuellen Aggressionen einiger Halbwüchsiger in der Verborgenheit einer Militärschule und findet in ihnen das komplette Arsenal der Roheit, die später Geschichte macht. *Wilfried Berghahn, 1963*

»Die Verwirrungen des Zöglings Törleß« sind das beste Spiegelbild einer Grundlagenkrise [der Wissenschaften zu Beginn des 20. Jahrhunderts, C.D.]. Dem »Ingenieursgeist«, dem wissenschaftlich Systematisierbaren wird die »ungesetzliche Notwendigkeit« des Lebens, die Unberechenbarkeit des Seins, werden die unendlichen Möglichkeiten seelischer Entfaltung entgegengesetzt. Musil überträgt die neuen Erkenntnisse der Wissenschaft, das Gesetz der großen Zahlen, die Zufalls- und Wahrscheinlichkeitstheorie auf das Moralische. *Marie-Louise Roth, 1972*

Das Internat ist damit als ein genaues Abbild der Gesellschaft erkennbar, wie sie in der Eingangsszene gezeigt wird; beide spiegeln die Gespaltenheit des bürgerlichen Individuums wider. Die vom Einzelmenschen verdrängten, triebhaften und schöpferischen Lebensregungen suchen sich in verheimlichten Räumen zu entfalten; und hier zeigt sich, dass das Internat wesentlich härtere Bedingungen stellt als die Gesellschaft [...]. Es ist nicht zu rechtfertigen, den Roman nur auf individuelle Konflikte des Törleß zu reduzieren und deren ursächliche Zusammenhänge mit der Gesellschaft und ihren Institutionen zu übergehen. *Uwe Baur, 1973*

Törleß tritt in die Welt der Erwachsenen ein nach dem Erlebnis eines großen Umsturzes, der ihn dazu zwingt, sein vorheriges Weltbild gründlich in Frage zu stellen. Mit anderen Worten wohnen wir einem Übergang vom Kindes- zum Erwachsenenalter bei, der sich dann vollzieht, wenn der Einzelne seinen Platz im Verhältnis zur Welt seiner Eltern findet. Dieser Ödipuskomplex, wie er uns hier erscheint, trägt zur Herausbildung der Person bei und hat nach Freud entscheidenden Einfluss auf die Strukturierung der Persönlichkeit. Dies gilt ebenso für die Krise, die Törleß durchmacht. *Jacqueline Magnou, 1977*

Der Roman handelt von dem Einbruch dualistischer Wirklichkeit als von einer für einen Menschen völlig neuen, ihn verändernden Erfahrung. Nur insofern diese Erfahrung das zentrale Thema ist, wird verständlich, warum weder Basini noch Beineberg noch Reiting die für den Roman wichtigsten Figuren sind, sondern eben Törleß. [...] Wäre der Roman vor allem der der »heutigen Diktatoren in nucleo«, als die Musil selbst Reiting und Beineberg viel später im Tagebuch nennt, so stünden sie im Mittelpunkt der Erzählung. *Helmut Arntzen, 1980*

Hier lesen Sie Zitate aus literaturwissenschaftlichen Arbeiten über Musils »Törleß«. Sie repräsentieren ein Deutungsspektrum, in dem sich die Diskussion über den Roman bis heute bewegt.

1 Erläutern Sie die Deutungen mit eigenen Worten und finden Sie Belege im Roman.

2 Ordnen Sie die Zitate und versuchen Sie, Oberthemen zu finden.

3 Welchen Deutungen können Sie sich anschließen, welche halten Sie für abwegig?

4 Gibt es eine abschließende und eindeutige Gesamtdeutung des Romans?

5 Falls Sie sich gegen eine solche Gesamtdeutung entscheiden: Halten Sie es für einen Nachteil der Literatur, wenn eine Gesamtdeutung nicht möglich ist?

Die Verfilmung: »Der junge Törleß«

Volker Schlöndorff verfilmte 1966 Musils Roman unter dem Titel »Der junge Törleß«. Es handelt sich bei diesem Film um eine relativ werktreue, ästhetisch ambitionierte Literaturverfilmung, mit der der Regisseur bekannt wurde. Schlöndorff gehört mit Rainer Werner Fassbinder, Werner Herzog und Wim Wenders zu den bedeutendsten deutschen Filmemachern der 1970er Jahre. Weitere wichtige Literaturverfilmungen von Volker Schlöndorff sind: »Die verlorene Ehre der Katharina Blum« von Heinrich Böll und »Die Blechtrommel« von Günter Grass.

1 Schauen Sie sich den Film Schlöndorffs gemeinsam an. Achten Sie dabei auf eigene Ansätze Schlöndorffs, Musils Text filmisch umzusetzen.

2 Wo bleibt der Film werktreu, wo entwickelt sich eine eigenständige Filmsprache, die sich vom Werk entfernt?

3 Worin sehen Sie die Schwierigkeit bei der Verfilmung eines psychologischen Romans? Wie löst Schlöndorff dieses Problem?

4 Wenn Sie einen eigenen Film haben, müssen Sie natürlich vergleichen – sonst können Sie nicht herausfinden, welcher besser ist …

Der Zögling

Frau Hofrat Törleß mit Sohn

Bei Božena

Auf dem Dachboden

Basinis Qual

Beim Verhör

Anregung

Wenn Sie genug Zeit und Ambitionen haben: Versuchen Sie sich doch selbst einmal an der Verfilmung einer kurzen Sequenz aus Musils Roman (z. B. die Verabschiedung von den Eltern zu Beginn, eine Szene in der Dachkammer o. Ä.). Bitte tun Sie dies auf jeden Fall bevor Sie sich die Verfilmung Schlöndorffs ansehen. Legen Sie den genauen Umfang der zu verfilmenden Sequenz im Roman fest und verfassen Sie dann in Gruppen mehrere Drehbücher (einen Auszug aus dem Schlöndorff-Drehbuch finden Sie in dem Buch von Renate Schröder-Werle – s. Literaturtipps –, S. 107ff.). Wählen Sie das geeignetste Drehbuch aus. Legen Sie Darsteller und sonstige Aufgaben fest (Regie, Maske, Kostüme, Bühnenbild, Kamera, Schnitt, Musik, Computertechnik). Informieren Sie sich über Kameratechniken und Schnitte. Denken Sie früh genug an eine Digitalkamera und diejenigen, die hinterher den Rohfilm bearbeiten müssen.

Filmkritiken

Sie finden im Folgenden zwei Kritiken des Films – eine von dem Filmkritiker Martin Schaub, eine von dem bekannten Literaturwissenschaftler und Musil-Forscher Karl Corino.

Auf das Verhältnis zwischen Musil und Schlöndorff können wir hier nicht näher eintreten, doch sei so viel angetönt: Schlöndorff aktualisiert in seinem Film weniger die individualpsychologischen Züge als die sozialpsychologischen oder politischen. Er hat einen Törless gedreht, der erst nach den Konzentrationslagern möglich ist oder: der die bitteren Erfahrungen des Nationalsozialismus nicht vergisst. Es geht Schlöndorff um die Darstellung des Wachsens der Steigerung und des Missbrauchs der Macht. Aus dem weitgehend psychologischen Roman Musils wird unversehens eine eindringliche politische Parabel. Wie sich beim Zuschauer, auch bei Zuschauern, die Musil nicht gelesen haben, langsam Erkenntnis einstellt; wie er von Schlöndorff mit sanfter Gewalt zum Kernproblem hingeführt wird, muss später näher untersucht werden. Auf jeden Fall hinterließ dieser Film einen gewaltigen Eindruck. Es gab zwar Leute, die den wachsenden Sadismus nicht aushielten, doch ihr Pfeifen entsprang wohl einem bedauerlichen Missverständnis: Sie unterschieden – wohl weil der Film so stimmungsstark ist – nicht mehr zwischen dem Dargestellten und der eindeutigen Haltung des Autors. Es würde uns nicht wundern, wenn ein paar naive Kritiker Schlöndorff zum Nazi zu machen versuchten.
Martin Schaub, 1966

[…] Man kann nicht leugnen, dass auch Kunstwerke Geschichte haben, dass sie sich im Lauf der Zeit vielleicht sogar objektiv verändern – konkret; dass der Terror des Dritten Reiches die Problematik im Törleß verändert hat und dass die Fragen die Törleß beschäftigen hinter solchen der Gruppendynamik zurücktreten Aber kann man die Intentionen, die der Autor hegte und die auch in seinem Buch Gestalt geworden sind, ganz außer acht lassen: die »metaphysische Erotik« Törleß', von der Eithne Wilkins und Ernst Kaiser sprechen, eine Erotik, »die sich auf alle Erscheinungen bezieht, die in Törleß' Bewusstsein treten«, die Mutter-Sohn-Beziehung, die zu dieser Erotik zu gehören scheint, der doppelte Blick des Helden, der die Dinge mit den Augen des Verstandes und mit den Augen des Gefühls sieht, die an Hofmannsthals Chandos-Brief erinnernde Sprachproblematik, auf die das Motto (nach Maeterlinck) schon so eindringlich hinweist? Machen nicht diese Komplexe auch den Geist des Romans aus, und wenn das der Fall ist, warum wurden sie dann nicht optisch gestaltet?

Nun kann man antworten, dass einige der oben genannten Phänomene auf der Leinwand nicht sichtbar gemacht werden können. Für die Sprachthematik sei das zugegeben; man kommt hier an die Grenzen des Films. Doch kann man sich des Eindrucks nicht erwehren, dass die Regisseure einfach die Anstrengung scheuen, Gedanken und Gefühle in Bilder umzusetzen. Vielleicht fehlt es ihnen auch an Fantasie. Jedenfalls zog es Schlöndorff vor, mit der ihm zur Verfügung stehenden Imagination Musils Werk zu drapieren, anstatt das in der Sprache (manchmal abstrakt) Ausgedrückte auf der Leinwand anschaulich zu machen.

Es zeigt sich immer wieder, wie wenig Schlöndorff vom Geist des Buches begriffen hat. Sonst hätte er merken müssen, dass das ganze Gebäude ins Wanken gerät, wenn man nur einen einzigen Baustein ändert. Das eben ist ein Zeichen für die Qualität eines Kunstwerks. Beginnen wir beispielshalber mit dem Anfang – sogar Schlöndorff tut das, was nicht selbstverständlich ist, wenn man eine Anzahl von Romanverfilmungen kennt. Man freut sich also, aber die Freude währt nicht lange, denn der Bahnhofsvorstand, der von Zeit zu Zeit, »in gleichen Intervallen« aus einem Amtszimmer heraustreten, »mit der gleichen Wendung des Kopfes« nach den Signalen sehen, »mit ein und derselben Bewegung des Armes« seine Taschenuhr hervorziehen und kopfschüttelnd verschwinden soll, verweigert Musil den Gehorsam. Man ist zunächst geneigt anzunehmen, dass die Wiederholungen der Szene der Schere eines nicht ganz informierten Cutters zum Opfer gefallen sind, glaubt dann aber bald nicht mehr an den Irrtum untergeordneter Stellen.

Wenn man die Essenz des Buches hätte vermitteln wollen, hätte man auf eine Repetition nicht verzichten dürfen. Man hätte die Figuren einblenden können, »die aus alten Turmuhren treten, wenn die Stunde voll ist«, an die das Kommen und Gehen des Bahnbeamten erinnert. […]

Hier berühren wir ein grundsätzliches Problem, nämlich das, ob ein Film, der auf der Höhe seiner literarischen Vorlage sein will, die dichterische Metaphorik unterschlagen darf. Was nämlich literarische Texte von der Alltagssprache scheidet, ist die Art und Weise, wie die Metapher und der Vergleich in ihnen gehandhabt werden. Die *uneigentliche* Rede des Dichters ist oft die eigentliche, sie deutet das Geschehen oder verdeutlicht es zumindest. Die Egalisierung und Ausmerzung der Metaphorik ist oft eine Reduzierung der Vorgänge vom Sinn auf das Factum brutum. Ein Regisseur mit Ambitionen sollte überlegen, ob er bei der Verfilmung eines literarischen Kunstwerks die dichterische Metapher, die nicht umsonst auch als *Bild* bezeichnet wird und schon in der Sprache ein optisches Element ist, nicht transformieren kann in das Medium des Films. Das soll nicht heißen, dass man Bücher Wort für Wort ins Visuelle übersetzen muss, aber an zentralen Stellen (z. B. am Anfang des *Törleß*) wäre ein solches scheinbar pedantisches und banausisches Verfahren angebrachter, als es sich diejenigen träumen lassen, die nichts als die Eigengesetzlichkeit des Filmes im Munde führen. Mitunter ist das Selbstverständliche und Naheliegendste das Richtige – und Originelle!

Karl Corino, 1966

1 Vergleichen Sie die Kritiken. Worauf legen die beiden Kritiker Wert?

2 Welcher Meinung können Sie sich eher anschließen? Warum?

3 Antworten Sie in einem Leserbrief auf eine der Kritiken.

Wort- und Sacherläuterungen

Die Seitenangaben der Erläuterungen beziehen sich auf die im Impressum angegebene Taschenbuchausgabe, 1999 (ISBN 3-499-10300-1)/und auf die Ausgabe der Gesammelten Werke, Bd. 6, 1978 (ISBN 3-499-30006-0)

Titel/S. 7	*Zögling*	Schüler, Oberschüler, Gymnasiast.
S. 7/S. 7	*Maeterlinck*	Maurice M., 1862–1949, 1911 Nobelpreis, frz.-belg. Symbolist. Das Motto stammt aus seinem Buch »Der Schatz der Armen« (dt. 1902).
S. 7/S. 7	*Abdampfe*	aus dem Dampfzylinder der Lok ausströmender Dampf.
S. 8/S. 8	*Konvikt*	Heim, Stift.
S. 9/S. 8	*W.*	Mährisch-Weißkirchen, Hranice.
S. 12/S. 10	*affektiert*	geziert, gekünstelt.
S. 12/S. 11	*doctor theologiae*	(lat.) Doktor der Theologie.
S. 13/S. 11	*hoffähig*	bei Hofe verkehrend.
S. 13/S. 11	*Timbre*	(frz.) Klangfarbe der Stimme.
S. 13/S. 11	*bürgerlich-freidenkend*	frei von religiösen Dogmen.
S. 14/S. 11	*Arabeske*	stilisiertes Pflanzenornament.
S. 14/S. 12	*filigran*	fein.
S. 15/S. 12	*subtil*	schwierig, zart.
S. 15/S. 13	*Moderne*	epochale Bewegung in Kunst und Literatur seit etwa 1880.
S. 15/S. 13	*sensitivste … Interpunktionen*	feinnervige, überempfindliche Lyrik.
S. 17/S. 14	*erborgte Sentiments*	geliehene Empfindungen.
S. 20/S. 16	*Sturzäcker*	umgepflügte Äcker.
S. 21/S. 16	*galantes Abenteuer*	Flirt.
S. 22/S. 17	*Leinwand*	Mieder aus Leinen.
S. 23/S. 18	*Katzenköpfe*	Kopfsteine.
S. 24/S. 18	*Gaskrone*	Kronleuchter mit Gasverbrennung.
S. 24/S. 19	*Industriegötzen*	als Massenprodukte hergestellte Götterfiguren.
S. 24/S. 19	*bizarr*	seltsam.
S. 26/S. 20	*Aberwitz*	Unverstand.
S. 26/S. 20	*Ekstase*	Verzückung.
S. 27/S. 21	*homerisch*	nach Homer, dem Dichter von »Ilias« und »Odyssee«.
S. 27/S. 21	*Martyrium*	Opfertod im Christentum
S. 35 f./S. 26	*Streuhölzer*	Belag einer Holzbrücke.
S. 36/S. 27	*Blöße*	hier: Lichtung.
S. 37/S. 27	*klauben*	aufheben.
S. 37/S. 28	*abfahren*	(österr.) verschwinden.
S. 37/S. 28	*Mensch*	(s. österr.) Schlampe, Dirne.
S. 39/S. 29	*öffentliches Haus*	Bordell.
S. 39/S. 29	*durch den Lack*	hinter die Kulissen.
S. 43/S. 31	*Dragoner*	Reiterei.
S. 43/S. 32	*in die Hoffnung*	schwanger.

S. 45/S. 33 *Sekundäres* Zweitrangiges.
S. 45/S. 33 *perfide* tückisch.
S: $%/S. 33 *Lade* Bettgestell.
S. 50/S. 36 *Herrscherpaar* Kaiser Franz Joseph I. (reg. 1848–1916) und Kaiserin Elisabeth.
S. 51/S. 37 *Naturalienkabinett* naturw. Sammlung.
S. 53/S. 39 *Kotzen* grobe Decken.
S. 54/S. 40 *verwogen* verwegen.
S. 56/S. 40 *Majorität* Mehrheit.
S. 57/S. 41 *Larvenexistenz* Larvenstadium der Tiere, hier: bildlich.
S. 61/S. 44 *Präfekt* hoher Verwaltungsbeamter.
S. 61/S. 44 *es litt mich nicht* ich duldete es nicht.
S. 62/S. 45 *Galgenphysiognomie* verzerrtes Gesicht.
S. 63/S. 46 *Inkubation* Sichfestsetzen von Viren im Körper.
S. 64/S. 46 *Blasphemie* Gotteslästerung
S. 66/S. 47 *Schwefelregen* AT: Schlammregen in Sodom.
S. 67/S. 48 *Tschibuk* türk. Tabakspfeife.
S. 68/S. 49 *unter Kuratel* unter Kontrolle.
S. 73/S. 52 *drakonisch* sehr streng.
S. 73/S. 53 *Pietätlosigkeit* mangelnde Rücksicht und Ehrfurcht.
S. 75/S. 54 *zuwarten* untätig warten.
S. 79/S. 56 *metaphysisch* philosophisch, nach Letztbegründungen für das Sein sinnend.
S. 82/S. 58 *indifferent* gleichgültig.
S. 103/S. 73 *imaginäre Zahlen* (math.) komplexe Zahlen, Quadratwurzel aus negativen Zahlen.
S. 103/S. 73 *irrationale Zahlen* (math.) reelle, nicht rationale Zahlen.
S. 104/S. 74 *Katechet* kath. Religionslehrer.
S. 105/S. 75 *Professor* Gymnasiallehrer.
S. 106/S. 75 *Konkubinat* Lebensgemeinschaft, Ehe minderen Rechts.
S. 106/S. 75 *Knaster* billiger Tabak.
S. 106/S. 75 *konstatieren* bemerken, festhalten.
S. 106/S. 75 *Klemmer* Kneifer, Zwicker (Klemmbrille).
S. 108/S. 76 *transzendent* jenseits der Erfahrung.
S. 109/S. 77 *Renommierband* Vorzeigeband; hier: Immanuel Kants »Kritik der praktischen Vernunft« (1788)
S. 112/S. 79 *verkostend* ganz auskostend.
S. 112/S. 79 *revidieren* überprüfen und ändern.
S. 120/S. 85 *Sacktüchlein* Ziertaschentuch.
S. 124/S. 88 *De natura hominum* (lat. *nach antikem Vorbild*): Über das Wesen des Menschen.
S. 126/S. 89 *dünken* vorkommen, scheinen.
S. 128/S. 90 *Dünung* hoher Seegang.
S. 128/S. 90 *Repräsentanten* in Erscheinung tretende …
S. 128/S. 91 *Kinematograph* Apparat zur Wiedergabe bewegter Bilder.

S. 129/S. 91	*glosen* (mundartl.) glühen, glimmen.
S. 132/S. 93	*Anstand* Hochsitz.
S. 142/S. 100	*Ränke* Intrigen.
S. 143/S. 100	*Maitresse* Geliebte.
S. 143/S. 101	*Borgias* span. Adelsgeschlecht (15. Jh.) mit ausschweifendem Lebenswandel.
S. 143/S. 101	*Timur Chan* mongolischer Eroberer (14. Jh.).
S. 146/S. 103	*Traiteur* (frz.) Delikatessenhändler.
S. 157/S. 110	*Agonie* Todeskampf.
S. 174/S. 122	*oblag er* erfüllte er.
S. 176/S. 123	*Pedanterie* übertriebene Genauigkeit.
S. 179/S. 126	*Dafür steht mir … nicht* Das ist mir … nicht wert.
S. 192/S. 135	*Kausalität* (phil.) Ursächlichkeit, Verkettung von Ursache und Wirkung.
S. 196/S. 138	*Rezeptivität und Spontaneität des Denkens* Begriffe aus der Kantischen Erkenntnistheorie. Denken, das empfänglich und selbsttätig ist.
S. 196f./S. 138	*sekundieren* hier: beipflichten.
S. 197/S. 138	*subjektiver Faktor* das eigene Ich betonender Umstand.
S. 197/S. 138	*Hysteriker* Hysterie: abnorme psych. Verhaltensweise.

Literaturtipps

Berghahn, Wilfried: Robert Musil. Reinbek: Rowohlt, 1973 (rororo-Monographie 81).

Corino, Karl: Robert Musil. Leben und Werk in Bildern und Texten, Reinbek: Rowohlt, 1988.

Eisenbeis, Wolfgang: Robert Musil. Die Verwirrungen des Zöglings Törleß: Lektüreschlüssel für Schüler, Stuttgart: Reclam, 2004.

Frisé, Adolf (Hg.): Robert Musil Lesebuch. Versuche, einen anderen Menschen zu finden, Reinbek: Rowohlt, 1991.

Grossmann, Bernhard: Robert Musil: Die Verwirrungen des Zöglings Törleß. München: Oldenbourg Interpretationen, 1988.

Kämper-van den Boogaart, Michael: »Die Verwirrungen des Zöglings Törleß« – Eine kritische Perspektive auf Robert Musils Roman und Vorschläge zum Unterricht. In: Deutschunterricht 53, H. 4, 2000, S. 251–258.

Mehigan, Tim: Robert Musil. Stuttgart: Reclam, 2001.

Schröder-Werle, Renate: Erläuterungen und Dokumente: Robert Musil – Die Verwirrungen des Zöglings Törleß. Stuttgart: Reclam, 2001.

Textquellen

Primärtexte von Robert Musil

S. 9 *Musil,* Robert: Über sich und die Familie. In: Adolf Frisé (Hg.), *Musil-Lesebuch.* Versuche, einen anderen Menschen zu finden, Reinbek: Rowohlt, 1991. S. 16 u. S. 30 f.
S. 10 *ebd.,* S. 16 f.
S. 11 *ebd.,* S. 30 u. 29
S. 14 *Vermächtnis II,* ebd., S. 38 f.
S. 15 f. *Selbstkritik …,* ebd., S. 39 ff.
S. 16 f. *Aus einem Brief …,* ebd., S. S. 41 ff.
S. 19 *Tagebücher I (H.33),* S. 953.
S. 24 *Musil,* Robert: Die Verwirrungen des Zöglings Törleß. In: Robert Musil, Gesammelte Werke Bd. 6, hg. v. Adolf Frisé. © 1978 by Rowohlt Verlag GmbH, Reinbek bei Hamburg. S. 7 f.
S. 28 f. *ebd.,* S. 8 ff.
S. 30 f. *ebd.,* S. 10 ff.
S. 32 f. *ebd.,* S. 18 ff.
S. 34 *ebd.,* S. 39 f.
S. 35 *ebd.,* S. 50 f.
S. 37 *ebd.,* S. 32 f. u. S. 35 f.
S. 38 f. *ebd.,* S. 107 f.
S. 40 *ebd.,* S. 62 f.
S. 42 *ebd.,* S. 65
S. 44 *ebd.,* S. 92
S. 46 *Musil,* Robert: Ansätze zu neuer Ästhetik. Bemerkungen über eine Dramaturgie des Films [1925]. In: Robert Musil, Gesammelte Werke in Einzelausgaben. Tagebücher, Aphorismen, Essays und Reden, hg. v. A. Frisé, Reinbek: Rowohlt, 1955. S. 672–674.
S. 47 *Musil,* Robert: Atemzüge eines Sommertags. In: Robert Musil, Der Mann ohne Eigenschaften. Bd. 2, hg. v. A. Frisé, Rowohlt: Reinbek bei Hamburg, 1987, S. 1232 f.
S. 49 *Musil,* Robert: Ansätze zu neuer Ästhetik. a. a. O., S. 672–674.
S. 50 *Musil,* Robert: Die Verwirrungen des Zöglings Törleß. a. a. O., S. 90 f.

Sekundärtexte

S. 55 *Arntzen,* Helmut: Musil-Kommentar. Bd. 1. München: Winkler, 1980. S. 99. – © 1980 Winkler-Verlag bei Patmos Verlag GmbH & Co. KG, Düsseldorf.
S. 55 *Baur,* Uwe: Zeit- und Gesellschaftskritik in Robert Musils Roman Die Verwirrungen des Zöglings Törleß. In: Vom Törleß zum Mann ohne Eigenschaften. Grazer Musil-Symposion 1972, hg. v. U.B. u. Dietmar Goltschnigg. München/Salzburg: Fink, 1973, S. 32–35. – © 1973 Wilhelm Fink GmbH & Co Verlags-KG, München.
S. 21 *Benjamin,* Walter: Gesammelte Schriften, hg. v. R. Tiedemann/H. Schweppenhäuser, Frankfurt/Main: Suhrkamp, 1977. Bd. II,1. S. 371, Z. 9–21.
S. 55 *Berghahn,* Wilfried: Robert Musil in Selbstzeugnissen und Bilddokumenten. Reinbek bei Hamburg: Rowohlt Taschenbuch Verlag 10. Aufl., 1978. S. 28.
S. 58 f. *Corino,* Karl: Die Verwirrungen des Debütanten Schlöndorff. Zur Verfilmung von Robert Musils Roman Die Verwirrungen des Zöglings Törleß. In: Wort in der Zeit (1966) H. 2. S.63–65. Mit Genehmigung von Karl Corino, Bad Vilbel.
S. 53 *Hiller,* Kurt: Der träumerische Schaffner. In: Kurt Hiller, Die Weisheit der Langeweile. Eine Zeit- und Streitschrift. Leipzig: Wolff, 1913. S. 178 f. – Mit Genehmigung der Rowohlt Verlag GmbH, Reinbek bei Hamburg.
S. 42 *Hofmannsthal,* Hugo von: Ein Brief (auch: Der Brief des Lord Chandos): In: Gesammelte Werke in Einzelausgaben. Prosa II, hg. v. Herbert Steiner. Frankfurt/Main: S. Fischer, 1976. S. 7–20.
S. 42 *Maeterlinck,* Maurice: Der Schatz der Armen. In d. dt. Sprache übertr. durch Friedrich v. Oppeln-Bronikowski. Düsseldorf/Köln: Diederichs, 1965.
S. 45 *Hofmannsthal,* Hugo von: Bildlicher Ausdruck. In: Gesammelte Werke in zehn Einzelbänden, hg. v. B. Schoeller. Reden und Aufsätze I 1891–1913. Frankfurt/Main: S. Fischer, 1979, S. 48.
S. 25 *Keller,* Gottfried: Kleider machen Leute. In: Gottfried Keller, Die Leute von Seldwyla. Lahr: Moritz Schauenburg, 1951. S. 262 f.
S. 52 *Kerr,* Alfred. Robert Musil. In: Der Tag (Berlin). Nr. 647. 21. Dezember 1906. – Mit Genehmigung der S. Fischer Verlag GmbH, Frankfurt/Main.
S. 55 *Magnou,* Jacqueline: Törleß – Eine Variation über den Ödipuskomplex? In: Musil-Forum 3 (1977), S. 149 f. und 153 f.

S. 55 *Roth,* Marie-Louise: Robert Musil. Ethik und Ästhetik. Zum theoretischen Werk des Dichters. München: List, 1972. S. 47–50. – © 1972 Econ Ullstein List Verlag Gmbh & Co. KG, München.
S. 52 f. *Schaffner,* Jakob: Verwirrungen des Zöglings Törleß, von Robert Musil. In: Die neue Rundschau 1911. S. 1769 f.
S. 58 *Schaub,* Martin: Das 20. Festival von Cannes.In. Neue Züricher Zeitung. 14. Mai 1966
S. 6 f. *Thöming,* Jürgen C.: Musil-Chronik. In: Text+Kritik 21/22. Robert Musil. Hg. v. H.L. Arnold, 1983, S. 149–152.

Bildquellen

S. 5 o.: Cover der Erstausgabe: Robert Musil: Die Verwirrungen des Zöglings Törless, Wiener Verlag. Robert-Musil-Literatur-Museum, Klagenfurt.
S. 5 m.: Cover 80er/90er Jahre: Die Verwirrungen des Zöglings Törleß. in: Renate Schröder-Werle, Erläuterungen und Dokumente. © 2001 Philipp Reclam jun. GmbH & Co., Stuttgart. S. 27.
S. 5 u.: aktuelles Cover: Robert Musil: Die Verwirrungen des Zöglings Törleß, © 1978 by Rowohlt Verlag GmbH, Reinbek bei Hamburg.
S. 6 o.: Musil als Baby, 1881. Robert-Musil-Literatur-Museum, Klagenfurt.
S. 6 m.: Musil als Kleinkind, 1887. In: *, S. 19.
S. 6 u.: Musil als Kadett, 1897. Robert-Musil-Literatur-Museum, Klagenfurt.
S. 7: Hauptmann Musil, ca. 1918. Robert-Musil-Literatur-Museum, Klagenfurt.
S. 8: Musil, 1931. ullstein-Bild, Berlin.
S. 9: Musils Eltern, 1887. In: *, S. 25. Foto: Maria Frisé, Bad Homburg.
S. 10: Brünn, Getreideplatz. In: *, S. 48. Archiv der Stadt Brünn.
S. 11 o.: Hermine Musil, 1897. In: *, S. 53. Arbeitsstelle für Robert-Musil-Forschung, Saarbrücken.
S. 11 u.: Familie Musil mit Freund, 1887. Robert-Musil-Literatur-Museum, Klagenfurt.
S. 13: Büste Musils von Fritz Wotruba. In: *, S. 471. Fritz Wotruba Privatstiftung, Wien.
S. 14 o.: Musil, ca. 1901. In: *, S. 81. Arbeitsstelle für Robert-Musil-Forschung, Saarbrücken.
S. 14 u.: Entwurf des Vorworts zum »Törleß«. In: *, S. 112.
S. 17: Musil um 1906. In: *, S. 109.
S. 19 o. li: Exerzierende Zöglinge. In: *, S. 54 u.
S. 19 o. re.: Speisesaal. In: *, S. 55 u.
S. 19 u. li.: Sanitäranlage. In: *, S. 54 o.
S. 19 u. re.: Schlafsaal. In: *, S. 63.
S. 20 o. li.: Musil als Militärschüler, 1894. In: *, S. 59.
S. 20 o. re.: Erzherzöge in Kadettenuniform. Österreichische Nationalbibliothek, Wien. Sign.: Pf 14.500:C(6).
S. 20 u. li.: Richard von Boyneburg-Lengsfeld. In: *, S. 57 o. Foto: Grete von Boyneburg.
S. 20 u. re.: Hugo Hoinkes. Sammlung Corino, Bad Vilbel.
S. 34: Classifikationsliste. Sammlung Corino, Bad Vilbel.
S. 35: Franz Fabini und Familie. In: *, S. 62. Herbert Fabini, Burgwedel.
S. 37: Prostituierte um 1900. Aus: E.I. Bellocq, Storyville-Porträts, Köln 1978. In: *, S. 75 u.
S. 38: Prostituierte »Božena«. In: *, S. 60.
S. 45: Hugo v. Hofmannsthal. Österreichische Nationalbibliothek, Wien. Sign.: NB 613.098-B.
S. 46: Musil um 1921. In: *, S. 269.
S. 47: Musil, 1940. ullstein-Bild, Berlin. Foto: Bild + News.
S. 48: Standbilder aus den Chaplin-Filmen: »City Lights« und »Moderne Zeiten«: Cinetext Bildarchiv, Frankfurt/M.
S. 51: Cover: Friedrich Torberg: Der Schüler Gerber, © 1973 Deutscher Taschenbuch Verlag, München; Hermann Hesse: Unterm Rad, Suhrkamp Verlag, Frankfurt/M.; Norbert Niemann: Schule der Gewalt, © 2001 Carl Hanser Verlag, München, Wien; Juli Zeh: Spieltrieb, © Schöffling & Co. Verlagsbuchhandlung GmbH unter Verwendung eines Motivs von David Finck; Heinrich Mann: Professor Unrat, Rowohlt Verlag GmbH, Reinbek.
S. 56/57: Filmbilder aus dem Schlöndorff-Film »Der junge Törleß«: (Der Zögling, Bei Božena, Basinis Qual): dfd, Deutscher Fotodienst, Hamburg. (Frau Hofrat Törleß mit Sohn, Auf dem Dachboden, Beim Verhör): Cinetext Bildarchiv, Frankfurt/M.

* Karl Corino: Robert Musil, Leben und Werk in Bildern und Texten. © 1988 Rowohlt Verlag GmbH, Reinbek bei Hamburg.

Es ist leider nicht in allen Fällen gelungen, die Rechteinhaber zu erreichen. Ansprüche der Rechteinhaber werden selbstverständlich im Rahmen der üblichen Konditionen abgegolten.

Alle übrigen Texte sind Originalbeiträge.